**뉴스는 어떻게 조작되는가?**

# 뉴스는 어떻게 조작되는가?

그들은 속이려 들지만 우리는 알고 있는 꼼수     최경영 지음

바다출판사

개정판 서문을 대신해서

# 가짜 뉴스와 진짜 뉴스 그리고 AI

2016년 미국의 비영리 탐사보도 매체인 〈프로퍼블리카〉는 AI가 가져올 미래의 현실이 그리 녹록하지 않음을 암시했다. 〈프로퍼블리카〉가 미국 법원에서 사용하는 컴파스(COMPAS, Correctional Offender Management Profiling for Alternative Sanctions)라는 프로그램이 흑인 피고인들에게 불리하게 포맷되었다는 것을 밝혀낸 것이다. 컴파스는 범죄자들의 프로파일을 통해 향후 재범 가능성을 예측하는 프로그램으로, 실제로는 그렇지 않은데도 흑인 피고인들의 재범율이 백인 피고인들의 그것보다 2배 가까이 높게(흑인 45퍼센트, 백인 24퍼센트) 설정되어 있었다. 이 데이터 결과를 바탕으로 재판부가 흑인 피고인들에게 불리하게 판결할 가능성이 상존해왔다는 점을 〈프로퍼블리카〉가 지적한 것이다.

2015년 미국에서 비슷한 연구가 있었다. 구글에서 'CEO'

라고 키워드를 입력하고 이미지를 검색하면 단 11퍼센트의 이미지만 여자였고 나머지는 모두 남자였다. 그해 미국 CEO의 27퍼센트는 여성이었으니, 구글의 이미지 세계에서는 여성이 현실 세계보다 훨씬 과소 대표되었다는 말이 된다.

두 가지 사례는 우리에게 한 가지 질문을 던진다. 'AI는 사실만을 분석하고 전달할 수 있는가?' 두 사례를 보면 전혀 아니다. IT업계의 격언대로 컴퓨터에 쓰레기가 들어가면 그 컴퓨터에서는 쓰레기만 나올 뿐이다(Trash in and Trash out).

거짓 정보, 선입견, 편견에 찬 자신만의 믿음에 근거한 통계 등을 컴퓨터에 집어넣으면 이를 바탕으로 세상을 인식하고 분석하는 AI도 마찬가지로 세상을 편협하고 왜곡된 방식으로 인식·해석한다. 게다가 보통의 AI는 역사적으로 흑인들이나 여성들이 받아온 차별과 사회적 제약 등을 감안하라는 함수값을 전혀 주입받지 않았다. 그 함수값에는 필히 사회적 가치관에 대한 서로 다른 논쟁이 들어 있을 것이기 때문이다.

이를 요즘 일고 있는 가짜 뉴스 논쟁에 대입시켜 보면 끔찍한 결론에 이르게 된다. 인간 스스로가 왜곡된 사실과 거짓 정보 등에 세뇌된 편견에 수십·수백 년 동안 사로잡힌 일종의 '고장난 AI'라는 사실 말이다.

가짜 뉴스란 무엇인가? 뉴스의 형식을 빌리거나 뉴스에서 근거를 찾아서 거짓 정보를 퍼뜨리는 것이다. 대개는 공익에 반하기 때문에 사회에 유해하다. 그런데도 가짜 뉴스가 횡행하는 이유는 어떤 정치적인 혹은 사적 의도를 가지고, 대개의 경우 가짜 뉴스로 인해 이익이나 사적 쾌감을 보는 집단이 다양한 방식으로 퍼뜨리고 있기 때문이다.

미국 대통령 선거 전 3개월 동안 프란치스코 교황이 트럼프를 공개적으로 지지했다느니, 클린턴이 IS에 미국 무기를 팔아먹었다느니 하는 가짜 뉴스들이 진짜처럼 공유된 횟수가 무려 870만 건이라는 온라인 뉴스 매체 〈버즈피드〉의 분석이 사실이라면, 가짜 뉴스는 확실히 진짜 뉴스보다 더 빨리 확산되고 더 광범위하게 퍼지는 경향이 있다. 가짜 뉴스는 진짜 뉴스보다 짜릿하고 선정적이며, 사람들 역시 자신들이 듣고 싶은 정보만 듣는 경향이 강하기 때문이다.

돌이켜 생각해보면 인류의 역사에서 '진짜 뉴스'가 '가짜 뉴스'보다 득세한 적이 있는지도 의문이다. 중세 유럽에서 마녀사냥을 주도한 대중은 진짜 뉴스에 기반해 죄 없는 사람들을 고문하고 불구덩이에 던졌을까? 십자군전쟁은 이방인에 대한 정확한 팩트에 근거한 것이었나? 유대인이 유전적 질병을 퍼뜨린다는 나치의 주장은 과학적 사실이어서 그 꼼꼼한 독일인들이 광적으로 믿게 되었던 것인가?

한국의 경우도 별반 다르지 않다. 한국에서 오랫동안 김대중 전 대통령은 빨갱이었고, 노무현 전 대통령도 그런 혐의를 뒤집어 써왔다. 두 사람이 대통령이 되면 한국이 적화세력에 의해 장악되고, 한반도는 공산주의 국가가 될 것이라는 주장은 미국이나 북한의 군사동향과 더불어 논리적 사실처럼, 바로 곧 나타날 진실처럼 사람들에게 공포를 안겨줬다.

강성 귀족 노동조합이 고임금만 받고 일을 안 해 나라가 망하게 생겼다는 공포는 대통령의 이성도 마비시켰다. 2011년 5월 3일 이명박 전 대통령은 KBS 라디오 연설을 통해 현대자동차 부품업체 유성기업의 파업을 언급하면서 "연봉 7,000만 원을 받는다는 근로자들이 불법파업을 벌이는 안타까운 일이 벌어졌습니다"라고 말했다. 그러나 이것은 거짓 팩트에 근거한 가짜 뉴스였다. 유성기업의 실제 평균연봉은 4,500만 원이었다. 7,000만 원이면 근속연수 28년 직원에 해당하는데, 유성기업에서 이런 직원들은 극소수였다.

문재인 정부 이후 출범한 고용노동시장행정개혁위원회의 한 보고서에 따르면 이명박 정부 시절 청와대는 회의를 통해 노동시장 개혁에 대한 여론홍보전을 강화할 것을 지시했으며, 노조파괴로 악명높은 노무법인 창조컨설팅이 당시 청와대 관계자들과 언론사 고위간부들에게 노동시장의 개혁, 그러니까 노동조합 파괴 또는 연성화 작업에 대한 내부 문건을 꾸준히 이메일로 보냈다는 사실이 밝혀졌다. 가짜 뉴스를 기획하고 생산하고 퍼뜨리는 집단이 거의 줄곧 기득권 세력과 기성 매체였다는 점이 자연스레 추정되는 대목이다.

한국의 기자들이 쓰는 대부분의 뉴스는 정부나 기업의 보도자료에서 시작된다. 저널리즘의 핵심은 그 자료의 팩트, 즉

진위 여부를 검증하는 것이지만 한국의 언론사들에게 이 과정은 대개 불필요하다. 대개 기자들은 하루에 3~4번씩 기사를 송고하는데, 이것 때문에도 취재할 시간은 엄두도 못 낼 경우가 많다. 보도자료와 연합뉴스를 대충 복사해서 어미를 다듬고 문체를 가다듬으면 자신의 기사가 된다. 사실상 표절이지만 누구도 표절이라고 한 적이 없다. 그래서 기자들은 그 사실상의 받아쓰기 작업이 자신의 일이라고 생각한다.

그렇게 몇 년만 일하면, 그 작업에 익숙해진 기자들은 어떤 다른 일도 못하게 된다. 사실을 확인하려고 하면 짜증부터 나고, 일이 많아지게 되었다고 투덜거린다. 소위 '언론고시'에 합격했음에도, 이미 사라진 직업이 된 타이피스트가 되어가는 자신의 처지를 헤아리지 못하는 지경이 된 것이다. 이쯤 되면 한국에서는 가짜 뉴스를 굳이 구별할 이유가 없어지게 된다. 역사적으로, 또 구조적으로 언론은 언제 가짜 뉴스가 될지 모르는 정부나 기업의 홍보자료를 주로 퍼날랐고, 여전히 비슷한 행위를 반복하고 있기 때문이다.

나치의 선전 책임자 요제프 괴벨스(Joseph Goebbels)의 말처럼 "한 번 한 거짓말은 거짓말일 뿐이지만, 1,000번을 반복한 거짓말은 진실이 된다." 언론이 수십 년 동안, 수천만 번 정부와 기업의 홍보자료를 퍼나른 나라에서 새삼 가짜 뉴스가 이슈가 된다는 것은 우습다. 진짜 뉴스가 희귀한데 가짜 뉴스가 많은 것은 당연한 일이다. 언론이 정부나 광고주에 예속되어 왔는데, 수용자들이 편견과 선입관 없이 올바른 정책을 올바른 정보를 바탕으로 판단하기는 불가능하다. 쓰레기 정보가 들어가면 제아무리 AI라도 흑인을 '깜둥이'라고 부를 수밖에 없다.

2017년 11월 말, 《뉴스는 어떻게 조작되는가?》를 처음 출간할 당시 가짜 뉴스에 대한 경각심이 높아지기 시작했다. 그럼에도 이제 가짜 뉴스는 일상이 되었고, 일일이 팩트 체크하기에도 버거울 정도로 늘어났다. 가짜 뉴스에 대한 경각심은 더 높아져야만 하고, 시민들이 함께 팩트 체크에 동참해야 한다. KBS로 돌아오면서 곧바로 '한국 언론 오도독' 연재를 시작했다. 가짜 뉴스를 판별하는 기준을 공유하고 싶었기 때문이다. 마침 출판사에서 개정판 요청이 있어 그 내용 중 《뉴스는 어떻게 조작되는가?》의 사례들에 부합하는 글들을 묶어 6장에 넣었다. 개정증보판이 독자들의 손에 전달되어 더 활발한 토론과 논의의 장이 열리기를 기대한다.

2019년 3월
최경영

프롤로그

# 나는 뉴스의 생각으로부터 자유로운가?

2017년 6월 미국 CNN의 윌 리플리(Will Ripley) 특파원이 15일 동안 북한을 방문한 뒤 제작·방송한 다큐멘터리 〈Secret State: A journey into the heart of North Korea〉의 한 장면이다. 윌 리플리가 북한의 당 기관지 〈로동신문〉을 매일 본다는 북한 주민에게 이렇게 묻는다.

"이 〈로동신문〉에 나오는 걸 다 믿으시나요?"
"그럼요. 우리는 100퍼센트 다 믿습니다."

이어지는 기자의 내레이션은 "우리(미국)는 대부분 언론에 대해 냉소적인데 북한 사람들은 100퍼센트 믿는다고 말한다. 북한 주민 누구나 이렇게 대답할 것이다"였다. 전 세계 시청자들이 이 장면을 보고 얼마나 비웃었을지는 자명하다. 갇힌 세상에서 자유롭게 세상을 본다는 것은 불가능하다. 북한에 자유언론이 존재할 리는 만무하고, 자유언론이 존재하지 않는 나라 국민들의 생각은 갇혀있을 수밖에 없다. 북한 주민 대부분은 〈로동신문〉을 철석같이 믿을 것이다.

불과 30여 년 전 한국의 모습이다. 그때보다 한국은 훨씬 자유롭고 열려 있다. 그러나 모든 것은 정도와 수준의 차이다. 한국 언론이 얼마만큼 자유롭고, 한국인의 사고는 어느 정도 열려 있는지 되묻는다면 대답은 달라진다. 어제도, 오늘도 네이버와 다음에서 제공되는 비슷한 기사들을 클릭하는 우리의 사고는 점점 갇히게 될 가능성이 높다. 우리의 아버지, 어머니들처럼. 그 위의 할아버지, 할머니들처럼.

'한두 개의 인터넷 포털이 뉴스의 유통을 독과점하는 지금, 그리고 그 이전의 시대에 한국인에게 주입됐던 뉴스란 무엇이었을까? 현재의 나는 과연 그 뉴스의 생각들로부터 자유로운가?'

대답은 독자 자신만이 알 수 있다. 스스로 자유롭지 않다고 깨닫는다면 오히려 이 책을 쓴 이유에 부합한다. 문제의 해결은 그것으로부터 시작될 것이기 때문이다.

차례

개정판 서문을 대신해서_ 가짜 뉴스와 진짜 뉴스 그리고 AI · 5
프롤로그_ 나는 뉴스의 생각으로부터 자유로운가? · 11

## 1장 한국 언론이 당신을 속이는 9가지 방법 · 17

1  한 면만 부각시킨다 · 19
2  기계적 균형을 맞춘다 · 29
3  서민을 이용한다 · 35
4  숫자로 말한다 · 39
5  신화적 믿음에 기댄다 · 42
6  관점을 생략한다 · 46
7  인과관계로 설명한다 · 54
8  애국주의에 호소한다 · 57
9  낙인을 찍는다 · 63
10  왜 이렇게 쓰는 것일까? · 67

## 2장 그들은 어떻게 번영해왔는가 · 73

1  한국방송공사의 시작, 유신이념의 구현 · 75
2  김인규 · 81
3  기레기가 기레기인 이유 · 95
4  출입처 폐지, 노무현 전 대통령이 옳았다 · 103

## 3장 한국 사회를 움직이는 사람들 · 115

1 합리적 부조리를 만드는 네트워크 · 117
2 전문가, 삼성이 관리하는 '또 하나의 가족' · 121
3 부동산 연구소는 대부분 당신 편이 아니다 · 127
4 정부는 왜 예산 집행을 외주화시켰을까 · 132
5 강남 재건축 조합장들은 어떤 사람일까 · 135

## 4장 이익 동맹체 · 141

1 권위주의 시대 가치관 그대로인 언론 · 143
2 한국처럼 임의로 광고·홍보비를 집행하는 나라는 없다 · 147
3 '우리도 삼성이 만들었으니까 래미안이야' · 152
4 총기 규제와 금 모으기 운동 · 155
5 왜 문재인은 전두환에게 상 받았다는 것을 말해야 했을까 · 158
6 "이 정도면 우리는 동지라고 불러야지. 우리는 동지야!" · 160
7 당신의 뇌는 선거 91일 전을 기억하지 못한다 · 163
8 숫자만 신봉하고 디테일에는 약한 시스템 · 166
9 우리 몰래 일어나는 일들이 많다 · 171
10 부동산 투기세력·언론·관료는 이익 동맹체다 · 175

## 5장 프레임이 바뀌고 있다 · 181

1 나쁜 〈조선일보〉, 늙은 KBS · 183
2 맹목적 애국주의에서 벗어난 시민들 · 202
3 미국 초등학생 수준 영어 구사하는 특파원? · 212
4 〈자백〉에는 검사의 얼굴이 나왔다 · 218
5 뉴스타파 · 223

## 6장 한국 언론 오도독 · 229

1. 기계적 중립은 '사기'다 · 231
2. 언론의 객관, 이카로스의 꿈 · 236
3. 인터뷰 기사, 〈조선일보〉처럼만 쓰지 말자 · 240
4. 손혜원의 이해상충을 기자들에게 적용한다면… · 246
5. 트럼프 국정연설과 한–미 언론이 말하기 꺼리는 5가지 팩트들 · 251
6. '사람값' 캐나다 공영방송 CBC는 최저임금을 어떻게 보도할까? · 258
7. 〈SKY 캐슬〉의 시가총액 · 263
8. 카드사에 관한 오래된 진실 5가지 · 269
9. '세금폭탄'론의 함정…에버랜드와 재벌, 그리고 강남 아파트 재산세 · 276
10. '부동산 전문가'인가, '부동산 투자전문가'인가 · 283
11. 아파트 분양 기사가 당신을 속이는 5가지 방법 · 290
12. 〈조선일보〉를 칭찬합니다 · 295

## 7장 이길 수밖에 없는 '구조'를 만들자 · 301

**에필로그_** 당신의 요구가 공범자들을 조마조마하게 한다 · 308

1장

# 한국 언론이 당신을 속이는 9가지 방법

# 1

## 한 면만 부각시킨다

언론은 '부각'시킨다. 작은 사실을 키우거나 현상의 한 면만을 크게 보이도록 강조한다. 선정적이다. 선정적이라는 말은 독자나 시청자의 눈에 잘 띄게 한다는 의미다. 눈에 잘 띄면 일단 언론으로서는 성공이다. 팔리기 때문이다. 팔아야 하는 언론에게 선정성은 불치병이다.

그렇다고 팔지 않아도 되는, 수신료가 주된 재원인 공영방송은 선정적이지 않은가? 선정적이다. 기사나 프로그램이 많이 팔린다는 것은 공급자인 기자나 PD의 '자기애'를 충족시키는 일이다. SNS에 올린 글이나 영상을 보고 사람들이 '좋아요'를 많이 누르면 기분이 좋아지는 것과 똑같은 감정이다. 보도는 자기 에고를 충족시키는 작업이기도 하다. 그런데 언론인들은 자기애가 충만한 사람들이 유달리 많다. 그래서 자신이 알고 있는 사실이나 주장하고 싶은 논점을 선정적으로 부각시키는 버릇은 고칠 수 없다. 전 세계 모든 언론의 보편적 현상이다.

그러나 정치나 정책은 다면적이다. 특히 외교는 선정적일 수가 없다. 부러 부각시키지 않는다. 외교관들의 말에 절제가 배어있는 것은 당연하다. 그렇게 배웠기 때문이다. 그게 그들의 직업윤리다. 다면적으로 말하고 그렇게 해석하지 않으면 전체 윤곽이 잘 보이지 않는다. 수많은 플레이어가 각자의 이익을 추구하며 갈등하고 타협한다. 그게 외교의 속성이다. 미국 대통령인 트럼프 같은 사람을 빼고는 상식적으로 모두 그래 왔다.

한반도 문제는 더욱 그렇다. 심리전이다. 모두가 강경한 것 같지만, 보이는 현상으로만 따지면 그때마다 전쟁이 일어났어야 했다. 타국을 언급하는 각 나라 정상들과 외교관들의 말 속에는 다중적 뉘앙스가 들어 있다. 언론은 이를 파악하고, 있는 그대로 최대한 다면적 양상을 보여주기 위해 노력해야 한다. 물론 정치인들은 언론이 전혀 눈치 채지 못하도록 커튼 뒤에서 어떤 비밀 협상을 진행하고 있을지도 모른다. 그래서 모든 가능성을 열어놔야 한다. 쉽게 쓸 수 없다. 신중하게 모든 것을 고려해야 한다. 이는 언론인의 중요한 윤리 가운데 하나다. 오죽하면 미국 공영라디오 NPR의 인기 보도 프로그램의 제목이

'모든 것이 고려된'(All Things Considered)이겠는가. 모든 것을 감안해서 사려 깊게 기사를 쓰겠다는 실천적 윤리를 다짐하며 프로그램 제목으로 단 것이다.

그러나 한국 언론은 그렇게 쓰지 않는다. 우르르 몰려다니며 같은 말만 되풀이한다. 미국이 전쟁을 하자는 것 같으면 그것만 부각시킨다. 그것이 가장 크게 보이게 조장한다. 미국 트럼프 대통령과 북한 김정은의 말폭탄이 오갈 때는 더욱 그랬다. 문재인 정부가 출범한 이후에도 미국에서 외교적 해결책에 대한 언급은 꾸준히 있었다. 심지어 미국 대통령 트럼프도 한두 번, 국무장관 렉스 틸러슨은 수차례, 국방장관 제임스 메티스마저도 두세 차례 북한 핵문제에 대해 외교적 해결책을 언급했다. 군사적 옵션을 언급할 때도 외교적 해결 가능성을 동시에 열어두고 있다고 말했지만 한국 언론이 주로 부각한 것은 미국의 군사적 옵션, 즉 '전쟁'이었다.

2017년 10월 7일 미국 국방장관 제임스 매티스가 미국육군협회(AUSA) 주최로 워싱턴 DC에서 열린 국제방산전시회에서 기조연설을 했을 때도 마찬가지였다. 그는 약 30분 동안 기조연설을 했다. 30분 동안 한 말을 한두 마디로 쉽게 정의하기는 힘들다. 그런데 한국의 거의 모든 언론은 매티스가 "필요하다면 전쟁"이라고 말했다는 점에만 주목했다. 국가기간방송인 KBS부터 통신사인 연합뉴스는 물론 나머지 모든 신문사와 방송사들이 마찬가지였다. "필요하다면 전쟁"은 기사 제목이 됐고, 미국 국방부 장관이 전쟁을 하겠다는 메시지를 강하게 전달한 것처럼 보이게 했다.

그러나 미국의 우익방송 폭스의 라디오 뉴스 헤드라인은 "국방부 장관 짐 매티스가 북한에 메시지를 전달했다"(Defense Secretary Jim Mattis Delivers Message to North Korea)였다. 참으로 무덤덤한 헤드라인이다. 헤드라인 바로 밑에 매티스 국방부 장관의 연설 동영상이 있고, 그 동영상 캡션 자막도 "외교에 아직 최우선 순위를 두고 있다"(Defense Secretary Jim Mattis told a packed Army conference in Washington D.C., that while diplomacy remains the priority for dealing with North Korea)로 했다. 미국 보수 경제지 〈월스트리트저널〉도 "매티스가 외교를 강조했지만 군사적 준비는 해야 한다고 말했다"(Mattis stresses diplomacy but advises army to be ready) 정도로 헤드라인을 뽑았다. 외교에 방점을 뒀지만, 전쟁 가능성도 열어뒀다는 정도다.

한반도에서 미국의 선제공격으로 전쟁이 일어날 가능성에 초점을 맞추는 한국 언론의 경향은 뚜렷하다. '전쟁 가능'이라는 한 쪽 면만 비추려다 보니 다른 면은 전혀 보이지 않는다. 코끼리의 긴 코를 보여주지 않고 뭉툭한 뒷다리만 만져보게 하는 꼴이다. 2017년 10월 16일에도 한국 언론들은 미국의 공화당원 2명 중 1명이 '북한에 대한 선제공격을 찬성한다'는 여론조사 결과가 나왔다고 동시에 보도했다.

미 공화당 유권자 절반, 대북 선제공격 지지……"트럼프 효과"(머니투데이)

트럼프 영향? 미 공화당 절반 대북 선제공격 찬성(뉴스1)

미 공화당원 2명 중 1명, 북한 선제공격해도 된다(중앙일보)

이 기사들의 제목은 당초 해당 여론조사 결과를 보도한 〈워싱턴포스트〉의 헤드라인(Almost half of Republicans want war with North Korea, a new poll says. Is it the Trump Effect?)을 그대로 베껴온 것이다. 그러나 제목만 그대로 받아썼을 뿐 한국 언론은 정작 이 기사를 통해 기자가 말하려고 하는 바가 무엇이었는지 본문 내용도 제대로 읽지 않았다. 무엇보다 〈워싱턴포스트〉가 인용한 미국 퀴니피악대학교(Quinnipiac University)의 여론조사 결과 보고서를 참조하지 않았음이 확실하다. 여론조사 문항과 결과를 꼼꼼히 보고도 이런 기사를 썼다면 그 기자는 '범죄'를 저지른 것이다.

퀴니피악대학교의 여론조사 질문 내용은 "당신은 북한에 대한 선제공격을 지지 또는 반대하는가?"(Would you support or oppose a preemptive strike on North Korea?)였다. 결과는 표1에서 보듯, 공화당원들의 46퍼센트가 북한 선제공격을 지지한다고 한 반면 민주당원들은 16퍼센트만이 이에 찬성했다. 민주당원 77퍼센트가 반대한 것뿐만 아니라 설문조사에 응답한 미국 유권자의 62퍼센트가 이에 반대했다. 엄연히 전체 유권

질문 : 당신은 북한에 대한 선제공격을 지지 또는 반대하는가?

단위 퍼센트

|  | 합계 | 공화 | 민주 | 중립 | 남 | 여 | 예 | 아니오 |
|---|---|---|---|---|---|---|---|---|
| 찬성 | 26 | 46 | 16 | 20 | 28 | 24 | 22 | 33 |
| 반대 | 62 | 41 | 77 | 67 | 63 | 62 | 68 | 54 |
| 무응답 | 11 | 12 | 7 | 13 | 8 | 14 | 10 | 12 |

|  | 연령 | | | | 인종 | | | | |
|---|---|---|---|---|---|---|---|---|---|
|  | 18~34 | 35~49 | 50~64 | 65+ | 남 | 여 | 백인 | 흑인 | 히스패닉 |
| 찬성 | 17 | 26 | 34 | 25 | 30 | 25 | 28 | 21 | 25 |
| 반대 | 75 | 63 | 56 | 59 | 63 | 60 | 62 | 71 | 60 |
| 무응답 | 8 | 11 | 9 | 15 | 7 | 14 | 11 | 8 | 16 |

표 1. 미국 퀴니피악대학교의 설문조사 질문과 결과(2017년 10월 12일).

자의 상당수가 선제공격에 반대한다고 했지만 한국 언론은 이 보고서를 보지도 않고 〈워싱턴포스트〉의 제목을 그대로 따라 기사를 쓴 것이다. 게다가 퀴니피악대학교는 이 여론조사의 오차범위가 ±3퍼센트라고 명시했다. 즉 6퍼센트 포인트 이내의 결과는 오차범위 내여서 과학적으로는 별 의미가 없는 결과라는 말이다.

더군다나 이 대학 여론조사의 다른 질문을 보면 미국 여론이 여전히 전쟁에 소극적이라는 것을 확인할 수 있다. 퀴니피악대학교는 북한에 대한 선제공격의 지지 여부를 묻는 질문이전에 "당신은 미국이 북한과의 상황을 외교적으로 해결할 수 있다고 보는가, 아니면 미국이 군사력 사용할 것이라고 생각하는가"라는 질문을 했다. 여기에서도 표 2에서 보듯 공화당원들의 42퍼센트가 군사력 사용이 불가피할 것이라고 대답했고, 41퍼센트는 외교적으로 해결될 것이라고 응답했다. 하지만 미국 유권자 전체적으로는 외교적 해결이 54퍼센트, 군사력 사용이 29퍼센트로 여전히 외교적 해결이 높았다. 게다가 2017년 8월부터 10월까지 '경향성'을 따져 봐도 외교적 해결에 찬성을 하는 비율이 60, 64, 50, 54퍼센트로 군사력 사용이 불가피할 것이라는 의견을 압도하고 있음을 확인할 수 있다.

물론 '한반도 전쟁 가능성'에 대한 미국 언론의 보도 태도도 대부분 선정적인 것이 사실이다. 미국 언론도 한국 언론들처럼 '군사적 옵션'이나 '전쟁 가능성'을 강조한다. 그러나 그것은 미국 언론이기 때문이다. 한국에서 전쟁이 나더라도 죽거나 부상당하는 사람들은 주둔한 미군 2만여 명이 전부인데다, 전쟁이 일어나면 미국의 24시간 방송채널들은 오히려 높은 시청률로 큰 광고 수익을 거두게 될 것이다. 전쟁이 일어난다 해도 공군, 해군, 정보전에 주력하는 미군의 사상자는 한국군인들이나 민간인들의 사상자와 비교하면 1,000분의 1에도 미치지 못할 것이다. 국토가 초토화되는 것도, 무시무시한 핵전쟁이 벌어질 개연성이 가장 높은 곳도, 그로 인해 수백만 명이 죽을 수 있는 곳도 결국 대한민국이다. 전쟁이 난다면 한국

**질문**: 당신은 미국이 북한과의 상황을 외교적으로 해결할 수 있다고 보는가, 아니면 미국이 군사력을 사용할 것이라고 생각하는가?

단위 퍼센트

|     | 합계 | 공화 | 민주 | 중립 | 남 | 여 | 예 | 아니오 |
|-----|------|------|------|------|-----|-----|-----|--------|
| 외교 | 54   | 41   | 64   | 58   | 53  | 56  | 61  | 50     |
| 무력 | 29   | 42   | 20   | 27   | 33  | 25  | 24  | 32     |
| 무응답 | 17 | 17   | 16   | 15   | 14  | 19  | 15  | 18     |

|     | 연령 | | | | 인종 | | | | |
|-----|------|------|------|------|------|------|------|------|------|
|     | 18~34 | 35~49 | 50~64 | 65+ | 남 | 여 | 백인 | 흑인 | 히스패닉 |
| 외교 | 53 | 56 | 51 | 60 | 53 | 58 | 56 | 50 | 59 |
| 무력 | 32 | 33 | 32 | 20 | 32 | 23 | 28 | 37 | 28 |
| 무응답 | 15 | 11 | 17 | 20 | 14 | 19 | 16 | 13 | 13 |

**경향성**: 당신은 미국이 북한 문제를 외교적 노력으로 해결할 수 있다고 보는가? 아니면 미국이 북한 문제를 해결하기 위해 군사력을 사용해야 하는가?

|              | 외교 | 무력 | 무응답 |
|--------------|------|------|--------|
| 2017. 10. 12. | 54   | 29   | 17     |
| 2017. 9. 28.  | 50   | 35   | 15     |
| 2017. 8. 24.  | 64   | 26   | 11     |
| 2017. 8. 16.  | 60   | 30   | 10     |

표2. 미국 퀴니피악대학교의 설문조사 질문과 결과(2017년 10월 12일).

언론사 기자들은 자신들만은 살아남을 거라고 확신하고 있어서 이런 기사를 쓰는 것인가?

한국 언론은 자국 영토에서 벌어질 전쟁의 참상은 외면한 채 한반도의 전쟁 위기 고조가 신문 구독률과 방송 시청률을 올릴 수단이라고 은근히 믿고 있다. 반대로 미국의 다수 시민들은 트럼프 대통령의 호전적인 태도에 대해 명확히 'No'라고 비판하고 있다.

"북한이 우리 미국을 위협하면 화염과 분노에 직면하게 될 것"이라고 미국의 트럼프 대통령이 말한 뒤 나온 〈뉴욕타임스〉의 기사(Trump Warns North Korea of 'Fire and Fury' if Threatened) 밑에 달린 댓글 중 독자들의 추천이 가장 많았던 댓글 두 개를 소개한다. 〈뉴욕타임스〉 독자 스티브 웨스트체스터 씨는 추천수가 거의 3,000개에 달했던 댓글에서 "나는 '화염과 분노'라고 해서 북한 독재자의 허세가 담긴 또 다른 언행이라 생각했는데 다시 읽어보니 우리 지도자였다니. 트럼프가 이 위기 국면을 헤쳐 나가기에 적합한 사람이라고 과연 누가 믿을까?"라고 말했다.

At first when I read the "Fire and Fury" comment I thought that was just another blowhard comment from North Korea's dictator. Then I reread it and found out it was from our leader. Does anyone actually believe Trump is the right person to lead us through this danger?

추천수 2,381개를 받은 익명의 글은 "완전히 미친 두 인간들을 멈춰 세우지 못하면 우리 사회가 절단 날 수도 있는, 도저히 승산 없는 전쟁에 미국 사회가 휘말려 들어갈 것이다"라며 제발 상원의원들이 이 미치광이를 백악관에서 쫓아내달라고 요청했다.

Oh, My, God. These two megalomaniacs must be stopped or they will put us into an unwinnable war in which society, as we know it, will cease to exist. Please, I beg of you, Senators, stop this insane man and get him out of office. I presume trump can't do anything like going to war with NK or dropping a nuclear weapon without the consent of Congress. If he does ask for it I hope, unlike the Bush war in Iraq, they will vote him down.

미국의 지각 있는 시민들이 한국 언론보다 더 한반도의 평화와 안정에 기여를 하고 있다는 걸 한국 언론은 인지하고 있을까? 아니다. 그들 대부분은 자신들이 무슨 짓을 하고 있는지도 모른 채 기사를 쓰고 있다. 그저 도토리 한 톨을 움켜쥐고 계속 쳇바퀴를 돌리는 다람쥐처럼 말이다.

## **2**

## **기계적 균형을 맞춘다**

2017년 10월 10일 아침에 나간 KBS 뉴스다. 정치부 남승우 기자의 리포트다.

> 더불어민주당은 적폐청산을 바라는 '촛불 민심'을 제대로 실천해 달라는 게 추석 민심이었다고 전했습니다.
> 〈녹취〉 추미애(더불어민주당 대표): "민심의 핵심은 역시 제대로 적폐를 청산해서, 나라다운 나라를 만들어 달라는 것이었습니다."
> 적폐청산을 '정치보복'이라는 보수 야당 주장은 '적반하장'이라며, 과거 보수정권의 잘못을 규명하고 책임자를 처벌하겠다고 말했습니다. 자유한국당은 평화 구걸과 북핵 위기, 원전 중단, 한미 FTA

개정 협상 등을 문재인 정부의 13가지 실정으로 지적했습니다.

〈녹취〉 홍준표(자유한국당 대표): "5개월밖에 되지 않은 정부가 이토록 많은 나라 전체의 실정을 안고 가는 정부는 처음 봤습니다."

홍 대표는 특히 군과 검찰 등이 최근 자신의 수행비서 통신조회를 했다면서 정치사찰 의혹을 제기했습니다. 국민의당과 바른정당도 경제·외교·안보에 대한 걱정이 많았다고 전했습니다.

〈녹취〉 안철수(국민의당 대표): "(한미 FTA 개정 협상을) 능력이 없어서 못 막았는지, 아니면 알고도, 이면 합의를 했음에도 불구하고 국민을 속였는지 (밝히라는 것입니다.)"

〈녹취〉 주호영(바른정당 대표 권한대행): "(안보 불안은) 좌파정권 정부 곳곳에 주사파 출신들이 들어가서 그런 사고로 북한을 바라보기 때문에 그런 것이 아니냐(는 우려가 컸습니다.)"

여야는 오는 12일 시작되는 현 정부 첫 국정감사에서 '적폐청산'과 '안보·경제 무능'을 놓고 대대적인 공방을 벌일 것으로 보입니다. KBS 뉴스 남승우입니다.

언뜻 봐서는 잘 모른다. 하나씩 뜯어볼 필요가 있다. 일단 문장의 숫자를 세어보자. 인터뷰 녹취와 "KBS 뉴스 남승우입니다"를 제외하곤 불과 여섯 문장이다. 이게 기자의 리포트다. 한국 지상파 방송 보도의 특징이다. 내용물이 없다. 제목을 보면 확연히 이 보도의 의도가 드러난다. 이 보도의 제목은 이렇다.

### "적폐청산" vs "안보·경제 불안"…… 여야 민심 공방

언뜻 보면 1 대 1 균형을 맞춘 것처럼 보인다. 적폐청산은 여당 추미애 전 대표의 말로, 안보·경제 불안은 야당 전 대표들의 말로 전했다. 그런데 추미애 전 더불어민주당 대표가 적폐청산에 대해 이런 말만 했을까? 아니다. 여러 가지 말을 여러 가지 뉘앙스로 기자들 앞에서 최소 수 분 이상 했을 것이다. 같은 날 〈동아일보〉는 추미애 전 대표가 전날 최고위원회에서 이렇게 말했다고 전했다.

> "이명박 박근혜 정부에서는 국가 운영과 통치를 함에 있어 권력을 사익 추구의 수단으로 활용했다"며 "적폐청산에 대해 정치 보복이라는 낡은 프레임을 시도하고 있지만 국가 운영과 통치행위에서 상실된 공적 정의를 회복하고자 하는 것이 적폐청산의 목표"라고 강조했다.

어떤가? 그나마 앞, 뒤 문장을 붙여서 맥락을 살리니 단순히 적폐청산이 아닌 공적 정의를 회복해 국가 운영을 정상화시키기 위한 노력으로 들리지 않는가? 그러나 KBS의 보도는 인터뷰의 전후맥락을 다 빼버렸다. 정치인의 말도, 국민의 민심도 자신들이 머릿속으로 상정한 1대 1 프레임에 가둔다. 이렇게 프레임 한 쪽은 문재인 정부의 적폐청산으로만 가고, 한

쪽은 야당의 안보와 경제가 불안하다는 정치공세를 부각시키면 KBS가 국민들에게 들려주고 싶은 이미지는 하나가 된다.

'안보와 경제가 불안한데 문재인 정부는 적폐청산만 하고 있다.'

세상에 이런 정부가 어디 있을까? '우리는 야당을 탄압하기 위해, 그들의 적폐만을 청산하고 아무런 일을 하지 않을 거야'라고 생각하는 정부는 세상 어디에도 없다. 최소한 기자들을 향해서는 적폐청산의 의미를 자세히 설명했을 것이다. 우리 역시 마찬가지다. 한국인들 중 '정부는 어떤 일도 하지 않고 적폐청산만 해야 한다'고 믿고, 그 믿음 때문에 문재인 정부를 지지하는 사람들이 몇이나 되겠는가? 있다고 해도 희소할 것이다. 그건 매우 극단적 믿음이다. 적폐청산을 통해 나라를 정상화시키겠다는 의지를 적폐청산'만' 하겠다는 것으로 몰아가고, 야당은 극단적인 정부에 저항해 안보와 경제를 걱정하는 합리적인 그룹으로 포장시키려는 리포트의 의도가 드러난다. 현재 KBS나 MBC 정치보도가 즐겨 쓰는 전형적 수법이다.

이런 보도는 본질적으로 적폐의 한 축으로 비판받고 있는 자유한국당의 프로파간다(propaganda)에 따라, 그 선전선동의 프레임에 따라 놀아나고 있는 것이다. 1 대 1 기계적 균형을 양적으로는 맞춘 것처럼 착각하게 만들고(실제로는 여당 대표는 한 번 나오고, 야당 대표들은 모두 나와 여당만 욕했으니 꼭 그런 것도 아니지만), 내용은 물론 질적으로도 악랄하게 자기가 비판하고 픈 대상을 프레임에 가두는 방식으로 시청자를 우롱하고 있는 것이다.

1980년대 김인규 등의 KBS 기자들은 전두환이나 노태우에 대해 5분짜리 찬양 리포트를 했다면 야당에 대해서는 길어봐야 2분, 짧게는 1분 정도를 9시 뉴스에 할애했다. 그것도 당시 야당에 대해서는 매우 비판적이었다. 야당에 대한 비판적 리포트가 나가고 난 다음에는 거의 매번 재야인사들과 학생, 시민들의 과격 데모 영상보도를 뒤이어 집어넣었다. 거의 비슷한 시간대에 야당과 폭력집회 장면을 배열함으로써 야당에게도 과격, 폭력의 이미지가 심어지도록 조작한 것이다. 1998년 이후 정권이 한두 번 바뀌면서 그런 식으로 보도하는 것이 불가능해지자 자체적으로 개발한 보도 방식이 이같은 보도 형태다.

공범자들은 이를 '기계적 균형'이라고 부른다. 여당과 야당을 둘로 쪼개 이분법으로 보여주고 각자를 따로 따로 대표하게 만들었으니 균형이라는 것이고, 양이 비슷하다고 해서 '기계적 균형'이라는 것이다. 이는 전후 맥락을 자기 멋대로, 정확하게 말하면 자기가 지지하는 편의 입맛에 맞게 멋대로 잘라 버리는 불공정한 보도다. 국민의 민심을 마음대로 가늠하고는 자신이 비판하고 싶은 대상을 왼쪽의 끝으로 보내서 극단적이고 비합리적으로 보이게 한다. 반면 자신이 편들고 싶은 대상은 오른쪽 중간쯤으로 보내 합리적이고 이성적으로 보이게 하는 악의적 프레임이다.

언론학 교과서에는 '언론은 세상을 비추는 창'이라고 되어 있다. 한국 언론의 이분법이란 독자나 시청자의 목을 움직이지 못하도록 고정시키고 좁은 창틀에 눈을 대고 그 틀 안에서만 세상을 보라고 강요하는 것이다.

# **3**

## 서민을 이용한다

"이명박도 못했는데. 그 언론의 관계가…… 노무현이 하고는 안 좋아가지고, 맨날 조금만 못해도 노무현 때문이라고. 국민은 아무 것도 모르면서 그냥 덩달아서 그렇잖아요. 우리는 모르니까 신문에서 나오면 그런가 보다 하고."

2012년 8월 뉴스타파와의 인터뷰에서 한 택시기사가 한 말이다. 사람들은 흔히 택시기사가 경기의 바로미터라고 말한다. 많은 언론이 오랫동안 그렇게 써왔고, 많은 국민들이 그렇게 믿어왔다. 기자나 PD들은 경제가 어떤 상황인지를 보여준다고 하면서 택시기사의 인터뷰를 싣는다. 한 달에 100만 원 가져가기도 힘들다고 말한다. 재래시장도 마찬가지다. 텅 빈 재래시장이 카메라에 잡히고 상인들의 짜증 섞인 목소리를 담는다. 모두 죽겠다는 하소연이다. 이렇게 말하기 위해서다.

"택시기사나 재래시장은 경기를 보는 척도인데, 내가 여러 택시기사와 시장 상인들을 만나보니 그들 말이 한결같더라. 경기가 안 좋다는 거다. 경기가 안 좋은 게 누구 탓이냐. 대통령을 잘못 뽑아서, 정부가 정책을 잘못 써서, 나라가 불안해서 그런 것 아닌가. 나라가 불안하니 사람들이 밖에 나와 돈을 쓰지 않고, 사람들이 돈을 쓰지 않으니 경제가 동력을 상실했다."

노무현 정부 때 〈조선일보〉〈동아일보〉〈중앙일보〉 등이 많이 썼던 논리 전개다. 이런 기사를 통해 그들 손가락이 향하는 지점은 똑같았다. 모든 게 '노무현 탓'이다. 그러나 택시기사들은 언제나 고달프다. 내가 전 직장 뉴스타파에서 택시기사들을 만나 인터뷰를 한 시점은 2012년 8월이었다. 그때는 이명박 정부였다. 그때도 택시기사들은 죽겠다고 아우성이었다. 박근혜 정부 때도 마찬가지였다. 택시기사는 한국 사회에서 가장 벌이가 취약한 직업군에 속한다. 문재인 정부에 들어와서는 달라졌을까? 아니다. 지금도 택시기사들을 인터뷰하면 죽겠다고 아우성일 것이다. 왜 택시기사들은 갈수록 형편이 나아지지 않는 것일까? 택시기사를 만나서 경기가 좋다는 말을 듣기는 애당초 하늘에 별 따기만큼이나 어렵다.

택시기사들은 돈을 벌지 못할 구조적 환경에 노출되어 있다. 운전기사라는 직업은 이미 오래전에 사양산업이 되었다. 일단 회사에 많은 사납금을 내야 한다. 해가 갈수록 서울의 지하철망은 촘촘해졌다. 이는 택시를 타는 사람보다 지하철을 타는 사람들이 늘어난다는 것을 의미한다. 그런데도 길거리의 택시는 좀처럼 줄지 않는다. 영업이 힘들 수밖에 없는 이유들이다. 재래시장의 상인들도 마찬가지다. 경기 탓, 정부 탓도 조금은 있을 수 있지만 그보다 근본적인 이유는 주변의 대형마트들 때문이다.

그런데도 언론은 그런 기사는 쓰지 않는다. 다만 택시기사나 시장 상인들을 이용만 할 뿐이다. 언론은 이들을 이용해서 자신들의 의도를 드러내고 싶은 게다. 모든 일이 대통령 탓, 정부 탓이라고 강조하고 싶은 것이다. '서민의 입'을 통해서 그렇게 말하면 더 효과적이다. 듣고 보는 사람들이 믿게 될 가능성이 높다. 수많은 언론이 수십 번 그렇게 써대면 진실이 된다. 그렇게 수십 번 언론에 경기가 안 좋다는 말이 나오면, 택시기사들은 입버릇처럼 오늘 점심 기사식당에서 본 신문의 헤드라인을 떠올리며 기자들에게 이렇게 말할 것이다.

"경기가 안 좋다. 정부가 일을 잘못하고 있다."

언론에 등장하는 택시기사는 졸지에 경기의 바로미터를

가늠하는 권위자처럼 각색되지만, 기자가 각색한 무대의 소품 같은 존재일 뿐이다.

## **4**

## 숫자로 말한다

"서울 강남 일반 아파트도……최고가 거래 잇따라 15억 7000만 원(7월 말)—14억 원(8월 중순)—16억 원(9월 말)"

2017년 9월 27일자 〈조선비즈〉의 기사 제목이다. 의도는 언론의 기사 어디에나 배어 있다. 그런데 자신의 기사에 의도가 있는 것처럼 보이게 한다면 프로가 아니다. 전혀 의도가 없고, 중립적인 것처럼 자신의 기사를 각색하기 좋은 수단이 숫자다. 숫자가 상징하는 정확성은 기사의 의도를 잘 감춰준다. 이 숫자가 내 기사의 진실을 말하지 않는가라고 뻐기는 듯하다. 그러나 숫자는 도리어 진실을 감추는 역할을 할 때가 있다. 숫자는 다른 모든 말처럼 잘 쓸 때만 정확하다.

문재인 정부의 8·2 부동산 대책이 나온 지 한 달여가 지난 뒤 쓰여진 이 기사는 정부의 대책에도 불구하고 강남의 아파트 가격이 올랐다는 것을 강조하고 싶었나 보다. 기자는 아마 이런 과정을 거쳐 기사를 썼을 것이다.

먼저 하고자 하는 말을 정해놓는다. 지금 문재인 정부 하에서는 많은 언론들이 하고 싶은 말은 한 가지다. 정부의 부동산 대책이 안 먹힌다는 것!

그래서 주변 데이터를 모은다. 자기에게 유리한 방식이어야 한다. 숫자는 선명하고 단순해야 한다. 기사에서 예시를 둔 곳은 잠실 주공아파트 특정 평형이다. 이 기사에 따르면 잠실 주공아파트 가격은 7월 말에 15억 7,000만 원, 8월 중순에는 14억 원, 9월 말은 16억 원이다. 이 세 가지 숫자만 보면 정부의 8·2 부동산 대책의 약발이 한 달여 만에 떨어진 것 같다. 큰 폭으로 하락했다가 큰 폭으로 상승한 것처럼 느껴진다.

그런데 이상한 게 있다. 7월 말에 거래된 것은 15억 7,000만 원인데, 8월 중순과 9월 말에 거래된 것은 각각 14억 원, 16억 원으로 단위가 다르다. 8월 중순에 이 아파트는 정확히 14억 원에 거래됐을까? 9월 말에는 16억 원에 거래된 것 딱 한 건만 있었을까? 찾아보니 7월 말경 이 아파트의 해당 평형은 10개 안팎의 거래가 일어났다. 그런데 이 기사에서는 어떻게 15억 7,000만 원이 7월 말 거래의 유일무이한 대표 가격이 된 것일까? 게다가 아파트는 층과 향에 따라 가격 차이가 크지 않은가? 향과 층에 따라, 수리가 얼마나 잘 되어 있느냐에 따라 가격 차이가 1~2억 원까지도 벌어지는 것이 상식인데, 이 기사에서는 이에 대한 설명은 전혀 하지 않았다. 숫자가 의도한대로 선명하고 단순해지지 않기 때문이다.

게다가 이 숫자들을 역으로 해석하면, 8·2 대책 이전에 앙등하던 집값이 8·2 대책을 통해 잠시 폭락 기조로 바뀌었다가 한두 달 뒤 겨우 주춤세로 진정되는 국면이라고 해석할 수도 있다. 정부의 기조가 시장 안정화에 있다면 이는 정부의 정책 의도대로 시장이 안정화됐다고 봐야 되는 게 아닌가? 부동산 시장의 투기꾼들이 과거 박근혜 정부처럼 대놓고 베팅을 하지는 못하고 있으며, 정부의 다음 카드에 대해 주판알을 퉁기며 치열한 심리전을 전개하고 있다고 보는 게 타당하지 않은가 말이다.

그런데도 이들 언론이 이런 기사를 쓰면서 정해놓은 의도는 따로 있다. 그 의도에 부합하지 않는 숫자나 그 숫자를 달리 해석하는 관점은 과감히 제외해야 의도대로 기사가 쓰여진다.

서울 강남의 일반 아파트도 최고가 거래가 잇달았다고 헤드라인을 뽑는 속마음은 이런 것일 게다.

'제발 집값이 올라라. 올라서 투기 바람이 다시 불어라. 그래서 광고도 많이 들어오고 문재인 정부도 노무현 정부처럼 아마추어 정권이라고 욕할 수 있어라. 결국에는 정권을 다시 잃어라.'

## 5

### 신화적 믿음에 기댄다

대다수 한국 사람들에게 부동산은 신앙이다. 1963년 경기도 광주군·시흥군 등이었던 지금의 강남구·서초구·송파구가 서울시에 편입되고, 영등포의 동쪽 '영동' 지구가 본격 개발되면서 오늘의 강남이 탄생했다. 그 기간 동안 부동산, 특히 아파트는 한국 사람들의 욕망을 충족시키는 가장 빠르고 안전한 길로 인식되었다.

> "강남불패" "정부 대책 비웃듯 다시 달아오른 강남 재건축" "강남불패 현상이 사라지지 않고 있다" "강남불패……투기꾼 잡으려다 초가삼간 태운다"

'강남불패'는 한국 언론의 관용어 중 하나다. '신화적 믿음'이 되었다. 부와 성공의 상징이 되었다. 너무 많이 들어서 어떤 언론이 언제 이 말을 썼다고 굳이 표기해야 할 필요성도 느끼지 못한다. 누구나 쓰고 있고 한국 사람 대부분이 믿고 있다. 그런데 적어도 수십 년 이상 이 단어를 써왔다면 한 번쯤은 정말 맞는 말인지 검증이라도 해봐야 그게 언론 아닐까? 정말 강남의 아파트값은 단 한 번도 떨어진 적이 없는가? 1970년대 이후 지속된 이 '신화적 믿음'은 결코 깨진 적이 없는가?

아니다. 여러 번 떨어졌다. 특정 지역에 있는 세대수가 적은 빌라 수준의 아파트 단지의 가격이 떨어진 것도 아니다. 대형 단지들도 수두룩하다. 금융위기 때 한두 번 떨어진 일을 말하는 것이 아니다. 10년이 넘는 장기적 추세를 봐도 가격이 떨어진 아파트들이 많다.

강남구 대치동 타워팰리스, 그 옆에 있는 동부 센트레빌, 같은 강남구 삼성동의 현대 아이파크 등 다수 평형의 아파트들이 2006년 최고가에 비해 6억 원 이상 떨어졌다. 박근혜 정부 들어 많이 회복했기에 망정이지 한때 타워팰리스나 아이파크 같은 경우는 10억 원 이상 떨어지기도 했다. 이곳뿐만이 아니다. 2006년(부동산 실거래 가격이 도입된 시기)을 기준으로 지난 12년 동안 겨우 물가상승률 수준인 2퍼센트 정도밖에 오르지 않았거나, 오르지도 내리지도 않은 아파트들도 강남에 다수 존재한다. 국토부 실거래가를 기준으로 한 것이니 한국에 이보다 더 공식적이고 정확한 데이터는 존재하지 않는다.

아파트 가격은 개별적이다. 비슷한 지역이라도 위치에 따라서 오르고 내리는 게 천차만별이다. 매수자의 시점에 따라서 계산이 달라짐은 물론이다. 강남의 다른 지역 아파트들이 아무리 많이 올랐다고 한들, 돌이켜보면 2006년 가격이 최고점일 당시 그 아파트를 산 사람들은 지금 수억 원의 평가차손을 안고 있는 것이다.

2006년에 비해 가격이 떨어진 아파트들이 한때는 강남을 상징하는 대표적인 고가 아파트들이었다는 점은 시사하는 바가 크다. 대치동과 삼성동 등 강남구에 형성됐던 부동산의 패권이 서초구 반포동으로 옮겨가면서 이 아파트들의 가격이 떨어진 것인지, 아니면 주상복합 아파트들이 지고 상대적으로 살기 좋은 대단지 아파트들이 강남권에 개발되면서 이 아파트들의 수요자들이 줄어든 것인지는 단언할 수 없다. 중요한 것은 강남일지라도 모든 아파트가 늘 오른 것은 아니라는 사실이다. 언제 얼마에 사느냐가 가장 중요했다. 아무리 잘 나갔던 '스타 아파트'라도 가격이 떨어졌다.

한국 언론은 강남 아파트는 끝없이 오를 것처럼, 절대 떨어지지 않을 것처럼 말하지만 자본주의 역사에서 그런 재화는 단 한 번도 존재하지 않았다. 지금도 투자 측면으로만 보자면 쉽지 않은 선택이다. 가격이 너무 올라버렸기 때문이다. 다른 지역과 비교해도 수익률이 상대적으로 떨어진다. 가격이 올라서 양도차익이 발생하지 않는다면 임대소득을 위한 투자용으로는 적합하지 않다.

시세가 18억 원 정도하는 반포 래미안퍼스티지 34평형 아파트를 사서 월세를 놓는다고 가정해보자. 2017년도 당시 반전세의 보증금이 3억 원에 월세는 300만 원 수준이다. 3억 원을 은행에 두고 1.5퍼센트의 예금금리를 받는다면 연 450만 원이다. 반면 월세 300만 원을 12개월로 곱하면 연 3,600만 원인데, 재산세 약 300만 원을 제하고 나면 연 3,750만원이 임대소득이라는 계산이 나온다. 18억 원을 투자해서 연 3,750만 원을 번다면 연 수익률이 불과 2퍼센트 수준이다. 아파트 가격이 오르거나 대를 이어 자식에게 물려 줄 생각이 아니라면 투자로서는 이제 큰 매력이 없어졌다. 소득 수준이 뒷받침되지 않는 부동산 가격의 앙등을 뻔히 지켜보면서도 '강남불패'의 신화만을 외치는 한국 언론이 과연 앞으로도 강남 아파트 상승의 불씨를 살려갈 수 있을까?

## **6**

## 관점을 생략한다

"재건축초과이익환수제 폭탄 피하자" "억대폭탄, 재건축초과이익환수제 피하자" "재건축초과이익환수제까지 정부의 규제폭탄" "초과이익환수에 상한제 폭탄까지"

폭탄 피하자고 아우성치는 사람들은 주로 강남에 집중된 재건축 대상 아파트 주민들이다. 그들의 시선에서는 '재건축초과이익환수제'가 폭탄일 수 있다. 재건축을 통해 발생한 이익을 고스란히 자신의 손아귀에 쥐면 좋을 텐데 이에 대해 과세를 하겠다니 폭탄처럼 느껴진다는 뜻일 게다. 그런데 재건축 대상 아파트 주민이 아닌 일반인의 관점에서 보면 재건축초과이익환수제는 조세 정의를 실천하거나 공공서비스를 늘

리는 일일 수 있다.

재건축 사업은 대지 면적이 넓은 저층이나 중층 아파트를 개발해서, 그 땅에 고층 아파트를 짓고, 일부는 일반인들에게 고가로 분양해서 수익을 창출하는 사업이다. 재건축 사업의 구조를 단순하게 설명하면 이렇다.

한 채당 가격이 10억 원인 1,000세대짜리 아파트를 1,500세대로 건축해서 1,000채는 기존의 재건축 대상 아파트 소유자들이 갖는다. 재건축 조합원들은 구형 아파트를 새 아파트로 바꾸니 좋다. 또 나머지 500채를 15억 원에 분양한 다음, 7,500억 원의 분양수익을 건설사와 나눠갖는다. 재건축 조합원들은 오래전에 산 아파트 하나 덕에 로또에 당첨된 격이다.

하지만 이를 사회적으로 보면 모두 공짜가 아니다. 오래된 아파트 1,000세대를 1,500세대로 늘려 재건축하면 같은 면적임에도 거주하는 사람이 이전보다 더 많아진다. 당연히 전기도 더 많이 쓰게 되며, 자동차 체증도 심해지고, 대기질도 악화된다. 학생 수도 늘어난다. 그만큼 학교가 더 필요하다. 그런가 하면 도로도 확장해야 하고 환경 부담금도 더 내야 한다. 학교는 공공시설이고, 도로 역시 국민 세금으로 만든다. 1970년대 지금의 강남에 명문 고등학교를 거의 강제로 이전시킨 것도, 도시계획을 통해 구획별로 반듯반듯하게 도로를 만든 것도, 상하수도 시설을 설치했던 주체도 정부였다. 강남은 정부 세금으로 이뤄진 곳이다.

지금 강남 아파트 주민들이 향유하는 땅값의 가치를 만든 주체는 크게 보면 사회 전체였다는 말이다. 강남의 오래된 아파트 조합원들의 개인적 운이 도시개발 역사와 맞아떨어져 일정 정도 수익을 가져갈 수는 있다. 그러나 땅이나 공동주택이 갖는 성격은 온전히 사적 재산일 수는 없는 노릇이다. 국가가 제공하는 각종 기반시설을 원치 않고 완전한 자유를 누리고 싶다면 무인도에 길을 닦고 발전기를 돌리고 집을 짓고 살면 된다. 완벽한 사적재산권을 향유할 수 있다. 그러나 도시의 공동주택에 사는 한 재산권은 물론이고 일상의 행동에도 제약을 받는 것은 당연하다. 내 집에서 산다고 24시간 큰 소리로 음악을 틀어놓고, 하물며 방바닥을 쿵쾅거릴 수가 없지 않는가.

마찬가지다. 더 많은 사람들에게 아파트를 분양해서 수익을 얻었다면, 그 아파트 단지 때문에 교통체증을 해소하고 학교시설을 짓는데 필요한 비용은 재건축 조합에서 내야 한다. 그 비용을 내는 방식도 달라져야 한다. 지금까지 정부의 '공시가격'을 기준으로 걷어왔다. 강남지가의 공시가격은 시세의 70퍼센트에도 못 미친다. 이 역시 재건축 조합원들에게는 엄청난 특혜지만 이를 특혜라고 보는 언론은 없다. 언론의 시선이 재건축 조합원의 시선과 같기 때문이다. 그것은 당연한 것이고, 세금은 폭탄이 된다.

한국 언론은 다음 경우에는 도리어 '로또'라는 말을 일반화해서 쓰고 있다.

"강남권 청약로또 현실화" "강남 로또청약 열풍에 다시 나타난 떴다방" "로또청약 열풍, 서초─강남 찍고 다음은 강동?" "규제 전 마지막 청약로또 잡자" "본격적 로또 청약은 지금부터……정부 해법 마련 절실"

강남의 재건축아파트 조합원들에게 10억 원 정도 나야 할 수익이 5억 원으로 줄어들면 '세금폭탄'이 된다. 하지만 주변 시세가 18억 원 정도하는 서초구 반포동의 34평 아파트를 15억 원에 분양받아 3억 원의 수익이 나리라 예상된다면, 한국 언론에게 그것은 '청약로또'가 된다. 그러니까 재건축 조합원들은 수억 원을 벌어도 폭탄 맞는 것이고, 일반 분양을 받는 사람들은 지금 집 소유자들의 아파트 매도 호가대로 분양받아야 정당하고 공정하다는 게다. 명백한 이중 잣대다.

헌 아파트에서 새 아파트로 이사하면서 돈도 받고 수억 원의 시세차익도 생길 것 같은 재건축 조합원이나 향후 수억 원의 이익을 볼 만하다고 평가받는 아파트 분양에 당첨된 무주택자들이 로또를 맞을지 안 맞을지는 그들이 아파트를 파는 시점이 돼서야 알 수 있다. 미래의 일이다. 사실 지금 당장 수익을 보는 당사자들은 아파트를 허물고 새로운 아파트를 지으면서 수익을 창출하는 건설사들과 거래를 중개한 부동산 중개업자다. 미래 아파트 가격이 어떻게 될지는 모르는데, 건설사들과 부동산 중개업자들의 이익은 확정적이다.

특히 건설사들이 재건축 아파트를 통해 얼마나 많은 수익을 창출하는지는 알 길이 없다. 아파트에 대량으로 들여오는 빌트인 냉장고 등 가전제품의 단가가 얼마인지, 이를 통해 시공사는 얼마나 남겨 먹을지, 수많은 자재업체들로부터 들여오는 자재값은 정말 얼마나 되는지, 상판은 이태리 대리석이지만 이를 받치는 싱크대의 돌은 국산인지 외제인지 한국의 소비자들이 파악할 수 있는 수단은 전무하다. 국내에서 아무리 많이 남겨 먹어도 회계를 통해 외국에서 밑지는 장사들과 적절히 섞어 버리면, 건설사들이 얼마나 국내 소비자를 호구로 만들고 있는지는 확인할 길이 없다. 언론 본연의 기능은 이런 기업 권력의 독선적 행위를 감시하고 소비자를 보호하는 게 아니었나?

한국 언론의 부동산 기사에서 자주 등장하는 '거래절벽'이라는 단어도 누구의 관점인지 뚜렷하게 드러나지 않는다. 당신은 태어나서 평생 몇 번 집을 매매해봤는가? 한 번도 해보지 않았다면 앞으로 몇 번이나 집을 매매할 것 같은가? 자녀의 교육환경을 고려해서 집을 이사하는 것까지 고려한다고 해도 보통의 가구주가 평생 집을 사거나 파는 경우는 서너 차례에 불과하다.

30세에 결혼해서 가정을 이룬다는 가정해 보면, 30년 동안 10년에 한 번꼴로 집을 매매하게 될 것이다. 그게 1가구 1주택을 가졌거나 가지려고 하는 한국인들이 집을 매매하는 패턴이라고 판단한다면 이들에게 거래는 10년에 한 번 꼴이다.

집은 주식이나 파생상품처럼 하루에도 몇 번씩 사고파는 재화가 아니다. 한 사람이 태어나서 평생 서너 번 매매하는 게 정상이다. 특히 평균 아파트 거래가격이 6억 원을 넘어선 서울과 같은 대도시에 사는 사람들에게는 집을 사기 위해 모으고 저축하는 기간과 대출을 갚고 좀 더 크고 쾌적한 집으로 이사하려고 노력하는 기간이 무척 길 수밖에 없다. 평생 한 번 집을 사기에도 벅차다는 게 상식적인 계산이다.

그런데 한국 언론은 '부동산 거래가 절벽'이라고 표현한다. 수많은 언론이 정부의 부동산 규제 대책이 나올 때마다 '거래절벽'이 되면서 주택시장에 난리가 난 것처럼 보도한다. 백척간두 벼랑 위에 선 것처럼 묘사를 하니, 보고 듣는 사람들도 위기감을 느낀다. 부동산 거래가 자주 발생하지 않아 걱정해야 할 직업군은 부동산 중개와 인테리어 등으로 삶을 영위하는 사람들 정도다. 결국 거래절벽이라는 단어는(어느 정도 거래가 되는 게 거래절벽인지도 확실치 않다) 일반 국민의 관점에서 쓰는 단어가 아니다. 거래절벽이라는 말은 부동산 중개업의 이익과 직결되는 사람들의 관점에서 쓰는 단어다. 강남 지역을 중심으로 재건축이 성행하면서 부동산 중개업자들이 만지는 돈의 규모도 푼돈 수준을 넘어서 기업화되고 있다. 청담동에서는 부동산 중개업자가 페라리 등 고급 외제 승용차를 몰고 나타나는 경우도 있다.

아파트 재건축은 여러 단계로 나뉜다. 조합을 설립하고, 사업시행을 인가받고, 관리처분계획이 통과되고, 이주가 완료되면 철거를 하게 된다. 이어 조합원이 아닌 일반인이 분양을 받으면 중도금 납부 기간이 1년에 두세 차례씩 돌아오게 되고, 잔금을 치르고 입주를 하게 된다. 이 모든 단계에 걸쳐 이슈를 만들고 명목을 덧붙여 거래를 부채질해서 이득을 봐야 하는 게 강남 재건축 부동산업자들이다. 사업시행인가나 관리처분계획 통과 등 중요한 포인트 때마다 재건축 단지 인근의 중개업소에서는 적게는 수십에서 많게는 수백 건의 거래가 발생한다. 강남 지역 아파트 가격을 10억 원으로 잡고 이에 대한 건당 수수료를 최소 600만 원 정도만 잡아도 10건을 거래하면 수수료가 6,000만 원이다. 20건을 거래하면 1억 2,000만 원, 50건을 거래하면 3억 원이 된다.

한국의 아파트들은 공장에서 찍어낸 것처럼 규격화되어 있다. 주택이 대부분인 다른 선진국들처럼 집이 개별적으로 큰 차이를 보이지 않는다. 기껏 따지는 게 층, 뷰, 향이다. 한 번 가면 10분 정도 집 구경을 하는 게 한국의 아파트다. 그런 아파트들을 중개하면서 건당 1,000만 원 안팎을 받는 중개업자들로서는 인근 아파트 단지에서 재건축과 같은 이슈가 몇 년 동안 지속돼 이를 통해 목돈을 만지는 게 큰 기회로 느껴질 수밖에 없다. 아파트의 거래량이 급감하면 가장 볼멘소리를 할 사람들은 이들이다. 이들은 시장의 분위기를 운운하면서 기자들에게 자신들의 주장이 마치 매수자와 매도자 등 시장 주체들, 일반 국민들의 이익인양 이야기한다.

 중개업자는 전혀 중립적이지 않다. 거래가 많이 되어야 그들에게는 이익이다. 거래가 절벽이어서 불안한 것은 철저히 이들의 관점이다. 그러나 대부분의 서민들에게 아파트 거래가 많이 되고, 부동산 가격이 휘발유처럼 활활 타올라 한국 언론이 말하는 것처럼 시장이 활성화된다고 해서 그게 이익이 될까?

# 7

## 인과관계로 설명한다

"정부 부동산 대책으로 아파트 가격 2억 원 하락" "재건축 허용된 잠실주공 효과로 서울 아파트 값 상승" "반포주공효과? 서울 아파트 값 8·2대책 후 최대 상승"

많은 사람들의 관심 대상인 서울 아파트 가격을 결정하는 요소는 수도 없이 많다. 단순히 현재의 구區별 세대수와 기존 주택량, 앞으로 재건축이나 일반분양 공급 물량 등을 따져도, 그것이 현재 수요에 부족하기 때문에 가격이 뛴다, 안 뛴다로 결론짓기 어렵다.

1,000만 명 이하로 감소하고 있는 서울특별시의 인구 추이도 변수이고, GTX 등 교통편의 증가도 변수다.

그럼에도 돈 있는 사람에게는 어느 정도 물리적 거리에 대한 저항감이 있을 테고, 재건축 원주민들의 재정착률도 실제 순수 공급량에 영향을 미칠 것이다.

기존 아파트와는 차별성이 있다는 신축 아파트에 대한 실수요가 얼마나 될지도 따져봐야 한다.

미국의 금리인상 추이도 요인이 되고, 거기에 한국은행이 얼마나 버티며 금리를 동결할지도 관건이다.

이 모든 요소들을 조목조목 따져서 투기가 일어나고 부동산 가격이 앙등되지 않을 만큼의 적당한 미래의 신축주택 공급량을 계산해야 한다. 이를 통해 수요와 공급이 적절히 조절되는 선이 어디에 있는지를 찾아야 한다. 하지만, 어렵다. 정부가 설사 분양가상한제를 전면적이고 강제적으로 실시해 아파트 가격을 잡는다고 해도, 세계적으로 원유가가 폭등해서 도저히 건설단가를 맞추지 못한다면 건설비용이 올라가고 분양가도 올라갈 수밖에 없다. 그게 자본주의 시장의 원리다.

그러나 한국 언론에서는 A가 투입되면 바로 B가 나온다. 다른 가능성은 없다. 그러면서 그 단순한 도식을 가지고 정책을 물어뜯고, 시장을 설명한다. 경제학자들이 자본주의 경기를 안정시켜 꾸준히 우상향하게 할 정책수단을 완벽히 터득해서 이를 정치가들에게 조언할 수 있었다면, 미국이든 한국이든 주기적으로 경기가 악화되거나 경제위기가 발생하는 일은 없었을 것이다. 한국 언론은 모른다. 그러면서도 습관적으로 모든 경제현상을 인과관계로, 그것도 하나의 요인(factor)을 가지고 결과를 일반화하려고 한다. 실제로는 인과관계가 정말 자신들이 말하는 이유 때문인지는 확신하지 못하고 있다. 아예 모른다. 그러나 모른다고 말하지 않는다. 정교하게 현상을 분석하는 데도 게으르다. 단순히 원인과 결과를 짜맞추는 기사는 대부분의 독자나 시청자들에게도 전혀 도움이 되지 않는다.

생각해보라. 정부의 정책이 나왔다고 해서 또는 금리가 0.25퍼센트 오르거나 내렸다고 해서 보통의 시민들이 당장 집을 사거나 파는 요인이 될 것인가? 당신은 항상 정부 정책이 어떻게 나올 것에 대비해 현금을 비축해 두고 있는가? 더더욱 동네에 대한 가족들의 호불호와 관계없이 정부 정책이 규제 중심이면 오늘 당장 집을 팔고, 정부 정책이 규제 완화라면 오늘 당장 집을 살 것인가? 언론은 당신이 오늘 당장 집을 사거나 파는 사람으로 전제해서 이런 정책이면 사거나 팔라고 한다. 하지만 서민인 우리가 집을 사고파는 것은 평생 세 번 안팎에 지나지 않는다. 그것은 정부의 정책 때문이라기보다는 상당 부분 가구원의 증가나 감소, 이직, 상속, 현금 필요, 은퇴, 교육 등 개인적 사유에 의해 결정된다. 한국 언론이 당신에게 진짜 집을 사거나 판 이유를 물어본 적이 있는가?

# 8

## 애국주의에 호소한다

2014년 5월 7일, 세월호 참사가 일어난 지 22일째 되는 날이었다. MBC의 박상후는 이날 한국 언론사에 길이 남을 보도를 중후하게 읽어 내려갔다. 자사 메인 뉴스인 〈뉴스데스크〉에 "'함께 생각해봅시다' 분노와 슬픔을 넘어서"라는 제목으로 보도하면서 박상후는 다음과 같이 말했다.

> "사고 초기 일부 실종자 가족들은 현장에 간 총리에게 물을 끼얹고 구조작업이 느리다며 청와대로 행진하자고 외쳤습니다. 외국의 사례는 어떨까요? 쓰촨 대지진 당시 중국에서는 원자바오 총리의 시찰에 크게 고무됐고 대륙 전역이 '힘내라 중국', '중국을 사랑한다'는 애국적 구호로 넘쳐났습니다."

사고 초기 한국의 세월호 실종자 가족 일부가 현장에 간 총리에게 물을 끼얹은 행위와 쓰촨 대지진 당시 원자바오 총리의 현지 시찰에 고무된 중국에 애국적 구호가 넘쳐난 상황을 대비한 것이다. 세월호 참사를 당한 한국인이 정부의 총리를 대하는 태도는 무례했던 반면 비슷한 참사를 겪은 중국은 정부의 권위를 존중하더라며, 에둘러 세월호 참사 유가족을 비판한 것이다. 박상후의 말은 중국은 사람이 죽어도 총리를 공경하고 국가에 충성하는데 왜 한국인들은 정부에 불만을 터트리냐는 것이다.

박상후는 또 "조급증에 걸린 우리 사회가 왜 잠수부를 빨리 투입하지 않느냐며 그를 떠민 건 아닌지 생각해봐야 할 대목"이라면서 "실제로 지난달 일부 실종자 가족들은 해양수산부 장관과 해양경찰청장 등을 불러 작업이 더디다며 압박했다"고 덧붙였다. 이 말은 세월호 유가족의 분노와 조급증 때문에 무리하게 등 떠밀린 잠수부가 죽음에까지 이르게 됐다는 의미다. 세월호와 관련해 박상후의 손가락질이 참사를 당한 가족에게 쏠리고 있음을 뚜렷이 보여주는 대목이다.

박상후는 세월호 참사의 취재·보도를 진두지휘한 담당부서의 부장이었다. MBC는 참사 당일인 2014년 4월 16일 '전원구조'라는 속보로 역사상 최악의 오보를 날린 대표적 언론사였다. 이 오보와 박근혜의 아직도 확인되지 않은 7시간의 행적이 결합되면서 정부는 충분히 구할 수 있는 생명들을 구하지 못했다. 많은 사람들이 오전 내내 조금씩 침몰되는 세월호를 TV 화면을 통해 바라만 보고 있었다. 죽음의 책임은 정부는 물론 MBC같은 한국의 무책임한 언론사들에게도 있었다. 하지만 이를 책임지고 반성하고 사과해야 할 직책에 있던 기자는 도리어 세월호 참사 유가족들에게 비판의 화살을 돌렸다.

박상후는 MBC 시청자들에게 '애국주의'를 말하고 싶었던 것 같다. '국가가 나를 위해 뭔가 해주길 원하기 전에 내가 국가를 위해 무엇을 할 것인가 생각해보라'는 계몽적 의도가 그의 보도에 깔려 있다. 선의로 해석한다면 그렇다는 말이다. 그러나 박상후가 배우자며 손가락으로 가리킨 실체는 사실 '권위주의'였다. 박상후가 한국인이 본받아야 할 표본으로 제시한 중국은 공산당 1당 독재국가다. 정부가 허가를 내주고 공산당의 검열을 받아야 하는 관영 언론만이 존재하는 곳이다. 언론의 자유는 세계 최하위 수준이다. 중국의 권위주의는 한국의 박정희 시대와 판박이다. 박상후는 2014년의 한국인들이 중국인들처럼 충성스러운 공산당원이 되어야 한다고 말하고 싶었던 것인가?

쓰촨성 대지진 등 자연적 재해뿐만 아니라 세월호 참사와 거의 똑같은 인재였던 양쯔강 여객선 침몰 사고 때의 중국 보도를 보라. 2015년 6월 1일, 중국 양쯔강에서 대형 여객선 '둥팡즈싱'호가 침몰해 400여명이 사망·실종되었다. 당시 중국의 신문들은 한결같이 중국 정부의 구조 노력에 찬사를 보냈다.

여러 매체들이 똑같은 사진을 1면에 내보냈는데, 사진만 보면 중국 정부는 필사적으로 생존자들을 구조했던 것처럼 보인다. 인민들이 감읍할 만하다.

중국 인민들은 여러 매체들에 똑같은 사진이 실리면서 서방 세계로부터 언론 통제국으로 비아냥을 당하는 자국 미디어 현실을 눈치 채지 못하고 있다. 권위주의 국가일수록 국민의 언론 독해력은 뒤처지게 된다. 자국을 제대로 비춰줄 언론이 희소한 나라에서 언론을 비판적으로 볼 수 있는 사람은 많지 않다. 대신 그들이 믿는 권위가 말하는 대로 생각하기 쉽다.

"중국은 위대하다."
"대한민국은 위대하다."

대개의 권위주의 국가는 국가가 위대하다는 것을 보여주

중국 〈베이징뉴스〉, 〈베이징청년보〉, 〈베이징타임스〉의 첫 면에 똑같은 구조 사진이 올라온 사례를 들며 중국 정부의 교묘한 언론 장악을 비판한 〈월스트리트저널〉 기사.

기 위해 체제 과시에 열을 올린다. 중국의 자기 과시욕은 일상적이다. 자신들이 외부에 어떻게 보이는가에 대해서만 신경 쓴다. 보여주고 싶지 않은 것은 절대 보여주지 않고 숨긴다. 이를 위해 언론 통제는 필수적이다. 중국 밖, 다른 나라에서 보면 우스꽝스럽다. 결코 위대해 보이지 않는다.

"2015년 7월 베이징은 축제 분위기였다. 2022년 동계올림픽 개최가 확정된 것이다. 유치 확정 소식을 TV로 지켜보던 중국 인민들은 하늘을 날듯 기뻐했다. 올림픽 유치 관계자들 가운데는 감격에 겨워 눈물을 흘리는 사람들도 있었다. 이로써 베이징은 2008년 하계올림픽에 이어 동계올림픽도 개최하는 세계 최초의 도시가 되었다.

국가적 경사라고 중국인 모두가 좋아하는 분위기다. 개최권을 따내기 위해 중국 국가주석 시진핑은 만리장성 앞에서 동계올림픽 유치 홍보영상을 찍었다. 시 주석은 홍보영상에서 중국을 뽑아준다면 세계만방에 정말 특별하고 환상적인 올림픽 무대를 선사할 것이라고 말했다. 올림픽 개최로 시 주석의 업적은 하나 더 늘었고, 중국 인민들은 중국 공산당의 영민한 결정과 추진력에 또 한 번 경탄했을지 모르겠으나 문제는 딱 하나.

베이징의 악명 높은 스모그나 탁한 공기는 제쳐두더라도 베이징은 겨울에 눈이 거의 오지 않는다."

2015년 7월 영국 〈가디언〉 기사의 일부다. 어쨌든 베이징 동계올림픽 개최는 확정되었다. 하지만 다른 무엇보다 겨울에 눈이 거의 오지 않는데, 그럼에도 굳이 동계올림픽을 개최하려고 중국은 혈안이 되어 있었다. 이런 행태는 중국 밖 사람들에게는 마치 호화로운 옷을 입고 있다고 착각하는 '벌거벗은 임금님' 같지 않을까?

우리는 다른가? 한국은 2018년 평창 올림픽 개최를 위해 500년 이상 원시림이 우거진 강원도 평창 가리왕산의 중앙을 '바리깡'으로 밀어버리듯이 벌목하고 거기에 알파인 스키장을 만들었다. 총 사업비가 1,000억 원이 넘는데 두 주간의 올림픽이 끝나고 나면 이 스키장을 어떻게 쓸지는 아무도 모른다. 어지간한 스키어라도 감히 엄두도 못 낼만큼 난코스다. 다시 공사를 해서 일반 스키어들이 탈 수 있도록 흙을 쏟아 부어 땅을 좀 평평히 만들어야 하나?

2014년 인천 아시안게임을 열고 인천시는 1조 원 가량의 부채를 떠안았다. 앞으로 차근차근 인천시민들이 갚아야 할 몫이다. 강원도 평창의 경우도 크게 다르지 않을 것이다.

# 9

## 낙인을 찍는다

'정보법학회'라는 것이 있다. '우리법연구회'라는 것도 있다. 이 글을 읽는 독자 대부분은 우리법연구회는 들어봤겠지만 정보법학회는 생소할 것이다. 정보법학회는 박근혜 정부 때 특히 방송통신 분야에서, 시쳇말로 제일 잘 나갔다. 정보법학회의 회장, 고문 등을 했던 이들이 최성준 전 방통위원장, 황찬현 전 감사원장, 방석호 전 아리랑국제방송 사장, 유의선 방문진 이사다. 이들 모두 박근혜 정부 때 중용되어 방송과 통신정책을 좌지우지했다.

정보법학회는 미래 정보통신의 법과 제도를 고민하고 연구하기 위해 이 분야의 전문가들이 모여 만든 학술단체일 뿐이다. 학회를 만드는 게 나쁜 일이 아니다. 그런데 박근혜 정부에서 중용된 정보법학회 출신들은 대부분 시민사회의 비판 대상이 되었다. KBS와 MBC가 청와대 홍보수석의 지시를 받아왔다는 의혹이 터져 나오고, 종편 TV에서는 인신공격과 거짓이 난무하는 편파적인 토론이 매일 진행됐지만 최성준 시절의 방통위는 별다른 조치를 취하지 않았다. MBC의 추락한 위상을 생각하면 방송문화진흥회의 새누리당 추천 이사였던 유의선 이화여대 언론학 교수의 행태는 '어용 지식인'에 가까웠다. 방석호는 뉴스타파에서 법인카드 사적 유용 혐의를 보도하면서 아리랑국제방송 사장에서 사임했다. 하지만 박근혜 정부의 검찰은 방 씨가 해외출장 중 미국 노스캐롤라이나까지 비행기를 타고, 듀크대학교를 졸업하는 아들과 그의 친구 가족들과 115만 원짜리 식사를 하고 이를 법인카드로 결제한 것도 모두 정당한 업무추진비라며 그를 무혐의 처분했다.

정보법학회에는 교수, 판사, 변호사 등이 섞여 있다. 이름만 대면 알만한 김앤장 변호사들도 여기 발을 담그고 있다. 박근혜 정부 시절 방송통신위원회라는 규제기관의 장이 이런 학회 출신이라면 학회의 순수성에 더 의혹의 눈길이 쏠릴 수 있었다. 하지만 한국 언론이 정보법학회를 전면에 내세우며 부정적으로 보도한 경우를 나는 거의 본 적이 없다.

우리가 익히 들어본 우리법연구회의 이미지는 부정적이다. 한국 언론이 이 연구회를 지속적으로 '좌파', '위험', '친 민주당'으로 낙인찍어왔기 때문이다. 김명수 대법원장 지명과 대법원장 취임 전후, 한국 언론이 또 다시 활용한 방법도 '낙인찍기'였다. 우리법연구회 출신인 김명수 대법원장의 지명은 파격 인사이며, 엘리트 판사라기보다 운동권 출신과 맥을 같이한다는 뉘앙스를 주는 기사들을 쏟아냈다. 그러나 김명수 대법원장은 서울 지역 판사로 임용되어 대법 연구관, 고등법원 부장판사, 지방법원장을 거쳤다. 엘리트 판사들의 승진 경로, 이른바 '로얄 코스'를 거의 다 거친 사람이다.

우리법연구회는 언론의 부정적 이미지 씌우기와는 달리 우리 사회에 아무런 해악을 끼친 게 없다. 그들은 1987년 민주항쟁 이후 독재정권에 줄곧 부역해온 사법부의 역사를 참회하고, 어떻게 하면 한국의 사법부가 민주주의 삼권분립의 원칙에 충실할 수 있는가에 대해 공부하고 토론해 왔을 뿐이다. 판사들의 학술 모임일 뿐이다. 그렇게 모인 사람들이 사법부를 좌지우지하고, 정치권력과 유착해 판결을 왜곡하고 그 대가로 출세의 길을 달려왔다면 비판해 마땅하다. 그리고 그것이 보도의 기준이라면 한국 언론은 김명수 이전의 사법부는 물론 우리법연구회 태동의 배경이 된 사법부의 역사와 아직도 현역에 남아 위세를 발휘하고 있는 공범자들에 대한 비판을 먼저 해야 한다.

남을 비판하는 언론이 가장 경계해야 하는 것은 객체에 대해 편견을 갖는 것이다. 자신의 편견을 일반화시켜 별다른 근거 없이 객체에 대해 부정적 이미지를 심어주려는 행위가 낙인찍기다. 한국 언론이 지속적인 낙인찍기를 통해 노리는 것은 세뇌된 대중의 마녀사냥이다. 그들이 노무현을 잡아먹었던 바로 그 방식이다.

## **10**

### **왜 이렇게 쓰는 것일까?**

박근혜가 탄핵 당한 뒤 치러진 대통령 선거였지만 자유한국당의 홍준표는 선거 유세기간 내내 이런 말을 되풀이 했었다.

"김정은을 옹호하는 좌파정권이 들어선다면……."
"친북인사가 대통령이 된다면 이 나라가 온전하겠는가."
"이런 위중한 시기에 좌파정권이 탄생하면 이 나라가 어디로 가겠는가."

홍준표는 왜 이런 말을 반복했던 것일까? 이유는 딱 하나다. 이런 말이 국민들에게 먹힌다고 생각했기 때문이다. 문재인 당시 대통령 후보가 김정은을 옹호하는 좌파라고 믿는 사람들이 상당히 많다고 생각했기 때문에 이런 말을 통해 그들의 믿음을 확인시키고, 또 불안해하는 사람들을 자극해서 자신의 표로 끌어올 셈법이었다. 하지만 홍준표의 선거 전략은 구태의연했다.

언론이 이렇게 쓰는 이유도 똑같다. 그들도 애국주의를 자극하고, 부동산 투자에 대한 욕망의 불을 지르면 국민들에게 먹힌다고 생각하고 있다. 구태의연하지만 그렇게 하면 과거에는 분명히 장사가 되었고, 아직도 상당히 먹히는 장사라고 믿는다. 회사 상사가 시켜서, 정부나 광고주의 압력에 따라 이런 기사가 나온다기보다는 실제로 그렇게 믿는 가치관에 따라 기사를 쓰는 것이라고 나는 판단한다. 스스로 믿고 있다는 것은 그게 그들의 가치관, 세상을 보는 시선이라는 의미다. 자신이 어떤 가치관을 가졌는지, 그 가치관이 편향된 사고에 기반한 '편견'은 아닌지를 곰곰이 돌이켜 보는 기자는 많지 않다. 기성 교육과 사회화 과정을 통해 체화된 가치관은 본인으로서는 의심할 여지없는 삶의 진리다. 가치관에 기반한 믿음은 사실보다 앞선 '선험적이고 당연한 무엇'이다.

2001년 9월 11일 미국 뉴욕 맨해튼 세계무역센터 건물이 테러로 무너져 내려앉은 '9·11 테러사건'을 보도하지 않았던 나라는 없다. 그러나 한국의 방송사들처럼 지상파 3사가 똑같이 일주일 넘게 특집 방송을 내보냈던 나라는 흔치 않다. 미국 본토 방송사들보다 한국의 방송사들이 더 유난을 떨었다. 왜?

미국이 공격받았다는 충격이 미국인들보다 한국인들에게 더 컸다는 이야기다. 그만큼 미국이 한국에게 매우 중요한 나라라는 공통된 믿음이 한국인들에게 있다. 그것은 물어볼 필요조차 없다. 한국인 절대 다수에게 미국은 세계의 중심이다. 미국은 절대적이며, 그에 반해 자신의 나라 한국은 상대적이다.

미국이 한국을 형식적으로라도 예우하는 것이 가장 중요하고, 조금이라도 홀대하는 눈치가 보이면 안절부절한다. 이면협상을 통해 미국이 한국 정부로부터 무엇을 얼마나 가져갔는지, 한국의 국익에 얼마나 손해를 끼쳤는지는 중요하지 않다. 겉으로 친하게 보이면, 외견상으로나마 한·미간에 아무런 갈등이 없는 듯해야 한국 언론의 마음이 편안하다. 한국 언론의 마음속에 미국은 하늘의 태양이고, 한국은 그 주위를 떠도는 조그마한 행성이다.

마찬가지다. 2008년 미국 금융위기 당시 미국 일간지에 등장한 '공포'(panic) 또는 그와 유사한 단어의 숫자는 한국의 〈조선일보〉나 〈한겨레〉보다 더 적었다. 미국 언론에서는 이미 금융위기가 발발한 직후, 그러니까 리먼 브라더스가 파산 선고를 한 다음날, 오히려 현금을 가진 사람들에게는 이번 금융위기와 주식시장의 폭락이 기회가 될 수 있다는 인터뷰들이 속속 등장한다. 리먼 브라더스 사태 하루만에 언론이 냉정을 되찾았다는 말이다. 그러나 한국 언론이 미국의 금융위기를 '다른 시각'으로 보기 시작한 것은 사태가 터지고 보름쯤 지나서였다. 이는 〈조선일보〉든 〈한겨레〉든, 보수와 진보를 가리지 않고 공통적으로 나타난 현상이다.

경제의 중심은 금융이고 세계의 중심은 미국인데, 미국의 금융시장이 붕괴됐으니 주변부 나라인 한국의 붕괴, 도미노 금융위기의 가능성은 불을 보듯 뻔하다는 것이 한국 언론의 논리였다. 그리고 이번 금융위기로 인해 실물경제도 크나큰 타격을 입을 것이며, 따라서 또 한 번 IMF 환란과 같은 위기가 올 수 있다고 불안해했다. 그러나 당시 한국은 중국과의 수출입 비중이 20퍼센트를 넘어섰고, 미국은 10퍼센트 수준이었다. 미국 부동산 파생상품의 붕괴로 촉발된 미국 국내 사건이라 환율 등을 제외하고는 한국의 수출입과는 큰 관련이 없을 수도 있다는 반론, 미국 정부의 적극적인 경기 부양책으로 오히려 제조업 수출이 잘 될 수도 있다는 예측, 미국 부동산 파생상품의 붕괴로 일어난 금융위기가 파생상품에 대한 규제를 일반화시켜 한국 금융시장이 좀 더 안정될 수 있다는 추론 등은 언론에 거의 드러나지 않았다. 한국 경제의 자체 복원성(resilience)에 초점을 맞춘 기사도 거의 없었다. 대부분의 기사에서 한국 경제는 종속변수였을 뿐이다.

금융위기와 같은 사안일수록 더 철저하게 우리의 시각으로, 한국 경제를 중심으로 놓고 냉정하게 사태를 따져봐야 한다. 하지만 기사를 쓰는 기자도, 인터뷰에 응하는 전문가 교수들도 미국 중심의 사고를 가진, 또는 미국에서 박사학위를 받은 사람들이었다. 그들의 관점에서는 이는 의심할 여지없이 세계 경제의 붕괴를 촉발할 일대 사변이었고, 한국이 입을 타격은 물어볼 필요도 없이 막대했다.

결과는 어땠는가? 미국은 금융위기에서 완전히 벗어나는 데 5년 정도가 걸렸지만, 한국 경제성장률은 이듬해 즉각 반등했다. 금융위기에 위축된 경제는 몇 개월이 지나자 금방 회복됐다. 당시 공포에 질린 믿음보다 한국 경제의 자체 복원력은 훨씬 뛰어났다.

오래된 믿음은 사람의 눈을 가린다. 편견을 가진 이가 자신의 편견을 깨닫고, 오랫동안 지녀온 자신의 편견을 마음속에서 완전히 지워버릴 수 있을까? 그런 편견이 불쑥 튀어나오지 못하도록 제어할 능력이 우리에게 있는가? 모두가 똑같은 옷을 입기를 좋아하고, 똑같은 드라마를 보고, TV에서는 유행에 따라 똑같은 먹방쇼를 하는 사회일수록, 다양성이 떨어지는 사회일수록, 사람들은 더 편향되기 마련이다. 한국 언론이 이처럼 기사를 쓰고 보도하도록 방치 혹은 조장하고 있는 것은 다름 아닌 한국 사회가 아닌가?

2장

## 그들은 어떻게 번영해왔는가

# 1

## 한국방송공사의 시작, 유신이념의 구현

영화 〈공범자들〉이 상영되기 두 달쯤 전이었다. 뉴스타파에서 일할 때 나는 '문재인 정부와 두 공영방송'이라는 토크쇼를 만들기 위해 KBS와 MBC의 과거 파업 영상들을 보고 있었다. 손이 떨려왔다. 멀게는 10년 전 이야기인데도 컴퓨터 마우스를 쥔 손가락 끝이 미세하게 떨렸다. 잊고 싶은 이야기들이 영상으로, 사진으로 남아 있다는 것은 잔인한 일이다. 사진과 영상에서 분노하고 절규하는 내 모습이 생경했다. 10년이 흘렀다. 박근혜는 구속됐고, 이명박은 구속 위기에 처했다. 정권은 바뀌었다. 많은 사람들이 KBS와 MBC가 정상화되어야 한다고 말한다. 그런데 대체 '정상화'란 무엇인가? 교수들과 시민단체 간부들이 모여 있던 한 공개토론회 석상에서 나는 그렇게 물은 적이 있었다.

"정상화라고 말을 하는데 MBC는 내가 다니지 않아서 잘 모르겠고, KBS는 정상화된 적이 있었습니까? 뭐가 정상화인가요? 70여 년의 KBS 역사에 노무현 정부 아주 짧은 5년을 제외하고는 청와대에서 기사 관련 청탁이나 압력성 전화를 받지 않았던 적이 없는데, 대체 우리가 말하는 정상화는 어떤 정권, 어떤 시절의 과거를 말하고 있는 것일까요?"

한국은 1945년 해방이 되면서 이내 미군정의 통치를 받았다. 1948년 이후 대한민국의 민주주의는 그들로부터 이식된 제도였다. 한국인들이 1948년 이전, 민주주의를 통해 보통선거와 투표권을 쟁취한 적이 없었다. 대부분의 사람들에게 보통선거의 개념, 국민주권의 개념이 없었다. 머릿속에, 생활의 습관으로, 사람들의 가슴속에 자리 잡기 전에 제도가 먼저 들어왔다. 이승만 대통령은 1950년대 한국인의 마음속에서는 여전히 왕이었다. 2017년 어버이연합의 할아버지, 할머니들이 박정희 전 대통령을 왕처럼 섬기고, 박근혜를 공주처럼 대하는 것과 똑같다. 2017년은 그런 사람들이 소수였지만 그때는 대부분이었다는 차이만 있을 뿐이다.

그런 나라의 KBS는 어떤 모습이었을까? KBS는 원래 정부의 한 부처였다. 문화공보부의 일개 국局이었다. 나이든 어르신들이 아직도 방송사를 방송사社라고 하지 않고, 방송국局이라고 하는 것은 이런 역사 때문이다. KBS는 문화공보부의 중앙방송국이었다. 정부 정책을 홍보하는 스피커였다. 그곳에서 기자, PD, 아나운서를 했던 사람들도 공무원이었다. 공무원이 정부를 견제하거나 감시할 리는 없다. 공무원은 정치적 중립을 지키는 영혼이 없는 존재여야 했다. 3·15 부정선거로 이승만 정권이 무너지고, 쿠데타로 다시 박정희가 집권했던 1960년대까지도 KBS의 기자와 PD들은 계속 공무원 신분을 유지했다. 공무원들이 나라의 공무에 대해 직접 말하는 방송, 그때의 방송이 어땠을지는 불 보듯 뻔하다. 대통령 말씀은 곧 나라님 말씀, 왕의 칙령과도 같았다.

KBS가 한국방송'공사'가 된 것은 1970년대 초반이다. 당시 KBS 직원들은 정부의 공무원 직급별 체계에 따라 승호가 매겨졌다. KBS 본사의 경우 국장은 공무원 별정직 부이사관이나 서기관, 부장은 서기관이나 사무관이었다. 차장은 사무관이나 고참주사였다. KBS가 1973년 한국방송공사로 출범할 때도 사장은 문화공보부 차관 출신이었고 부사장은 문화공보부의 국장이 맡았다.

'공사'는 공기업이다. 1970년대 초반 유신헌법을 통해 독재를 더욱 공고히 한 독재자 박정희가 비슷한 시기 KBS를 공사화한 이유가, 공영방송사로서 정부를 감시하고 견제하라는 뜻일 리는 없다. 그럴 거면 문공부 차관이 사장이고, 국장이 부사장을 맡을 리가 없다. 박정희의 의도는 공사창립 기념일인 3월 3일 그가 친필로 쓴 이 한 구절에서 선명하게 드러난다.

"유신이념의 구현"

한국방송공사 창설에 즈음한 1973년 3월 3일, 즉 KBS를 국영방송국에서 공사화하면서 박정희 전 대통령이 KBS에 부여한 공사의 역할은 "유신이념의 구현"이었다. KBS 임직원들이 이에 저항했을까? 그럴 리가 있는가. 당시 문공부 중앙방송국 국장이었던 최창봉은 〈KBS 연감〉을 발간하며 1972년이 "45년 KBS 역사에 큰 획을 긋는 해라고 생각된다"고 운을 띄운 뒤, KBS는 "민족의 역사적 위업인 10월 유신을 위한 홍보와 새마을 정신을 바탕으로 한 새로운 국민 생활의 선도자로 많은 성과를 거두었다"고 자평하고

1973년 〈KBS 연감〉에 기록된 박정희 사진과 그의 친필 메시지. 한국방송공사 창설에 즈음하여 KBS가 해야 할 일을 제시하고 있다. 바로 '유신이념의 구현'이다.

있다. 당시 〈KBS 연감〉에 실린 보도방송에 대한 자체 평가는 일면 희극적이다. 〈KBS 연감〉의 일부분을 옮겨 보자.

> "보도부(지금의 보도본부)는 KBS의 최선봉장이라는 사명감에 입각하여 전 보도요원이 비상태세 하의 all court pressing을 전개, 국가시책의 신속한 홍보를 위하여 뉴우스로서의 전달력과 호소력 그리고 설득력을 총동원했으며…… 10월 17일의 비상계엄 선포, 10월 27일의 유신헌법공포, 11월 21일의 국민투표, 12월 15일의 통일주체국민회의 대의원 선출, 12월 23일의 대통령 선출, 12월 27일의 제8대 대통령 취임에 이르기까지 유신체제 개혁 과정에서 보도부는 정부시책의 신속 정확한 홍보와 국민들의 지지를 여실하게 반영했으며, 특히 90여 회에 걸친 보도특집을 방영해서 유신에 대한 이해증진과 올바른 국민의 여론형성을 위해 노력을 아끼지 않았으며, 보도부는 여기에서 커다란 성과를 거두었다고 자부한다."

단어들이 전투적이다. '최선봉장', '비상태세', '올 코트 프레싱'이 등장한다. 정부의 정책을 그때는 '국가시책'이라고 불렀다. 정부 정책이 아니라 '국가시책'이라고 하면 무조건 따라야 할 것 같은 존엄함이 깃들어 있다. 단어 하나하나에 권위가 느껴진다.

유신체제를 개혁의 과정이라고 정의하면서, 그 유신체제의 정부시책을 홍보하기 위해 한 해 동안 90여 차례 보도특집을 했다는 대목에서는 북한 조선중앙TV의 어디선가 본 듯한 북한군 군무의 영상이 불현듯 스쳐 지나간다.

박정희 유신독재시절은 무고한 사람들이 고문당하고, 억울한 옥살이를 감내해야 했던 시기다. 박정희는 쿠데타 집권 이후 한국을 18년 동안 총과 칼로 통치했다. 그가 통치하는 동안 최종길 서울대 교수는 의문사를 당했고, 야당 정치인 김대중은 정부로부터 납치를 당해 살해당하기 직전까지 몰리기도 했었다. 머리가 길다는 이유만으로 길거리에서 경찰이 가위로 시민들의 머리카락을 잘라버렸던 시절이다. 스커트가 짧은지 긴지 경찰이 자를 들고 다니며 아가씨들의 치마 길이를 재던 시절이었다. 자칫 숨만 잘못 쉬어도 '빨갱이'로 내몰리던 시절에 그 많은 억울함은 모두 묻고, KBS는 유신이념의 구현에 앞장섰다고 스스로를 자랑스럽게 칭찬했다. "정부시책의 신속 정확한 홍보"였다고 스스로의 방송을 평가했다. KBS는 국정홍보방송이었을 뿐이다. 이 시기 KBS가 언론사였던 적은 없다.

## 2

### 김인규

1979년 박정희라는 절대권력이 사라지자 보안사령관 전두환은 1980년 5월 군부 쿠데타를 일으키고 계엄을 선포했다. 그해 5월, 계엄군은 광주의 무고한 시민들을 학살했다. 1980년 9월 유신헌법 아래에서 치러진 통일주체국민회의에 의한 대통령 선거에서 전두환의 득표율은 99.9퍼센트였다. 이듬해인 1981년 전두환은 대한민국 12대 대통령에 취임했다.

전두환의 대통령 취임 다음해인 1982년, 대통령 취임 1주년을 맞아 만들어진 KBS의 리포트가 있다. 담당 기자는 근 30년 뒤 KBS의 사장이 된 김인규였다. 그의 보도 다큐멘터리 제목은 "특별입체기획 제5공화국 1년"이었다. 희망찬 음악이 한참을 울려퍼진 뒤 성우가 다음과 같은 내레이션을 한다.

"제5공화국 출범 1년. 그 1년은 개혁과 창조, 안정과 도약 그리고 화합의 한 해였다. 개혁의 한 해, 창조의 한 해, 안정의 한 해, 도약의 한 해 그리고 화합의 한 해. 이 다섯 한 해들이 모두 합쳐진 한 해가 바로 제5공화국 1년이다. 제5공화국 출범 1년은 그 이전의 어지러움과 어두움과는 정반대의 안정과 밝음으로 완전히 바꿔놓은 것이다. 그래서 전두환 대통령도 제5공화국 출범 1년에 즈음해서 '지난 한 해는 우리 국민의 위대성을 재발견한 한 해였다'고 선언했다.……"

좀 장황하지만 요약하면 제5공화국 출범 1년이 개혁, 창조, 안정, 도약, 화합의 다섯 주제를 모두 합친 한 해였다는 말이다. 기사를 옛날에는 이렇게 다 만연체로 쓴 것인지, 아니면 김인규만 이렇게 쓴 것인지는 모르겠다. 그러나 이 정도 내용이면 북한의 조선중앙TV의 북한 김정은 찬양에 버금가는 것은 확실하다. 지금은 유치하게 들리지만 당시로서는 사뭇 진지했을 성우의 내레이션이 끝나고 웅장한 음악이 잦아들면서 화면이 전환됐다. 김인규 기자가 서울 세종대로를 배경으로 나타난다. 김인규의 말이다.

"제5공화국 출범 1년, 비록 짧은 기간이지만 지난 30여 년간의 헌정사에서도 이룩하지 못한 일들을 국민의 여망과 화합 속에 이룩한 획기적인 한 해였습니다. 이제 한국을 보는 세계의 눈은 분

1982년 방송된 KBS "특별입체기획 제5공화국 1년" '제1편 새 시대 달라진 세계의 눈'에서 김인규는 전두환 정권 1년이 "개혁, 창조, 안정, 도약, 화합의 한 해"였다며 찬양을 늘어놓았다.

명히 달라졌고, 경이의 눈길로 바뀌었습니다. 그것은 제5공화국의 출범과 함께 전두환 대통령의 역사적인 미국 방문과 아세안 순방 그리고 88년 올림픽 서울 유치 성공 등이 잇따라 이뤄져서 대한민국이 세계적인 선진국 대열로 부상했기 때문입니다."

김인규는 전두환 덕분에 한국이 선진국 대열로 부상했다고 말하고 있다. 한국을 보는 세계의 눈이 경이의 눈길로 바뀌었단다. 영화 〈택시운전사〉를 통해 전두환 정권의 광주시민 학살을 확인한 1,000만여 명의 한국인들 가운데 김인규의 이 말에 동의할 사람은 몇이나 될까? 지금의 시청자들이었다면 1982년의 김인규를 가만히 놔두지 않았을 것이다. 그러나 김인규는 1980년대 한국의 최대 방송사였던 KBS에서 가장 잘 나가는 기자 중 한 명이었다. 그는 꾸준히 정치부에서 노른자위를 맡아 집권여당을 출입했다. 5년 뒤, 1987년 1월 5일은 민정당 창당 5주년이었다. 김인규가 나서서 말한다.

"지난 6년 전 극심한 사회혼란과 정치적 위기라는 시대적 상황 속에서 출범한 민주정의당은 무엇보다 구정치 질서의 청산과 개혁을 위해 새 시대, 새 정치의 기치를 내걸고 새 역사 창조에 나섰습니다. 민정당은 창당 때부터 희생과 봉사의 정신으로 당원들이 당비에 의해 당을 운영해 나가는 자립정당상을 우리나라 정당 사상 처음으로 확립하고 구시대적 정치병폐의 재현을 막기 위한 청렴정치에 앞장서 왔습니다.……"

6년 전 극심한 사회혼란과 정치적 위기는 '광주민주화운동'을 지칭하는 것일 게다. 수많은 시민들이 같은 나라 군인들에게 죽임을 당하고 출범한 민정당이 구정치 질서의 청산과 개혁을 위해 새 역사 창조에 나섰다고 말하는 것이다. 더군다나 민정당은 창당 때부터 희생과 봉사의 정신으로 당비를 받아 운영하는 자립정당이었다 말하고 있다. 그렇다면 전두환, 노태우가 받은 그 엄청난 비자금은 뭐지? 1987년의 김인규는 어디서 무슨 자료를 보고 이런 말을 했던 것일까? 이것은 마치 전두환이 말년까지 골프나 치고 여유롭게 살면서 수중에 29만 원밖에 없다고 말하는 것과 비슷한 형용모순인데 말이다.

김인규는 전두환 정권에 대한 국민들의 저항이 극에 달한 1987년 6·10 항쟁 때까지도 지속적으로 전두환·노태우·민정당의 관점에서, 마치 그들의 대변인양 KBS 9시 뉴스의 리포트를 이어갔다. 1987년 4월 13일, 전두환이 호헌조치를 발표하면서 개헌이 불가능하다고 하자 김인규는 전두환의 호헌조치가 국정 최고 책임자로서 유일한 길을 명백히 제시한 것이라고 말했다.

"전두환 대통령이 오늘 특별 담화를 통해 임기 중 개헌이 불가능하다고 판단하고 현행 헌법에 따른 정부 이양과 국력 소모적인 개헌 논의의 지양을 선언한 것은 오늘의 난국을 타개하고 내년의 양대 국가 대사를 차질 없이 치르기 위해서 현실적으로 헌법문제와 관련해 선택할 수 있는 유일한 길을 국정 최고 책임자로서 명백히 제시한 것입니다.……"

문장을 보면 이상하다. 한 문장인데 주어가 모호하다. "전두환 대통령이 개헌이 불가능하다고 판단하고 개헌 논의의 지양을 선언한 것은…… 헌법 문제와 관련해 선택할 수 있는 유일한 길을 국정 최고 책임자로서 명백히 제시한 것이다"고 말했으니 전두환이 제시한 것인데, 듣는 사람은 마치 제3자가 전두환의 말을 평가한 것처럼 들린다. 기자의 평가인지, 전두환의 말인지가 분명치가 않다. 기자의 평가와 전두환의 말이 유기적으로 합쳐져 한국어의 새로운 지평은 열었던 것인가? 그의 독특한 화법은 이후에도 계속된다.

김인규는 1987년 6월 10일 민정당이 노태우를 대통령 후보로 지명하자 "어떠한 일이 있더라도 반드시 평화적 정부 이양의 전통을 세우는 것이 우리나라 민주정치 발전의 결정적 전기가 될 것이라는 전두환 대통령의 정치철학이 현실화되는 우리나라 정치발전의 한 순간"이라고 말했다. 일개 정당의 후보를 지명한 일이 "전두환 대통령의 정치철학이 현실화되는 우리나라 정치발전의 한 순간"이었다는 것이다. 그의 이날 리포트는 한국 언론사에 꼭 기록해야 할 필요가 있어서 보도를 들으며 꼼꼼히 받아 적었다. 1987년 6월 10일 김인규가 민정당 전당대회를 취재·보도한 KBS 9시 뉴스의 하이라이트다.

"오늘의 민정당 전당대회는 현직 대통령 임기 중에 집권당이 차기 대통령을 선출해낸 우리 헌정사상 처음 있는 정치 행사였습니다. 이 행사는 단임 의지를 거듭 천명해 온 전두환 대통령의 약속이 확인되는 정치적 절차였습니다. 어떠한 일이 있더라도 반드시 평화적 정부 이양의 전통을 세우는 것이 우리나라 민주정치 발전의 결정적 전기가 될 것이라는 전두환 대통령의 정치철학이 현실화되는 우리나라 정치발전의 한 순간이기도 했습니다. 그래서 이번 민정당 정당대회는 단순한 정당 행사가 아니라 우리 헌정사

40년에 새 장을 여는 획기적인 첫걸음이라고 민정당은 자부하고 있는 것입니다.…… 그러나 아직도 야당 측에서는 이러한 정치 일정의 취소를 요구하며 강경투쟁을 계속하고 있어 내년 초의 목표 시점까지는 넘어야할 난관이 많은 것 또한 사실입니다. 이 때문에 오늘 노태우 민정당 대통령 후보가 수락 연설을 통해 대화의 필요성과 조화의 정치를 강조한 것도 같은 맥락으로 볼 수 있을 것입니다. 이제 집권당의 대통령 후보로 확정된 노태우 대표위원이 평화적 정부 이양의 전통을 수립하기 위해 정국 안정과 정치 활성화라는 시대적 정치 과제를 원만히 풀어나갈 때 오늘 대회의 정치사적 의의와 역사적 의미는 진정한 결실을 맺을 수 있을 것입니다."

1987년 6월 10일, 한국 사회는 박종철 고문치사 사건과 경찰 최루탄을 맞고 숨진 이한열의 영향으로 독재정권 타도와 대통령 직선제 등 민주주의를 요구하는 시위가 전국적으로 확산됐다. '6·10 민주항쟁'으로 기록된 날이다. KBS의 김인규도 이날 민정당 창당 기념일 취재와 이런 보도를 하느라고 나름대로 바쁘고 힘든 하루를 보냈을지 모른다.

1990년 들어와서도 크게 달라진 것은 없었다. 정치도 다르지 않았고 출입처 기자들의 일상도 변한 게 없었다. 1990년 1월 집권여당 민정당은 야당이었던 통일민주당, 신민주공화당과 합당을 했다. 이른바 '3당 야합'이었다. 3당 합당 이후 집권여당 신한국당의 대표가 된 김영삼이 대통령이 됐다. 그리

1989년 6월 9일, 민주화 시위 도중 경찰이 쏜 최루탄에 맞고 쓰러진 숨진 이한열 열사. 당시 연세대 경영학과 2학년이었다.

고 집권 말기, IMF 외환위기가 닥쳐 나라가 망할 기로에 처해서야 헌정사상 처음으로 투표를 통한 진정한 의미의 정권 교체가 일어났다. 김대중, 노무현 대통령 10년이었다. 1948년 대한민국 정부가 수립된 이래 처음 있는 정권 교체였다. 정부 공무원들도 기자들도 새로운 상황에 적응해야 했다. 김대중이 대통령이 되자 한국이 공산주의로 적화되는 일대 사변이 일어날 테니 빨리 한국을 탈출해야겠다고 속으로 생각한 공무원도 있었을 것이다. KBS 중견 기자 중에는 자신의 고향이 원래 호남이었다고 말하면서 갑자기 심한 광주 사투리를 쓰는 사람도 있을 정도였다.

그런 기회주의자들이 설쳤던 KBS가 크게 변했을 리는 없다. 김대중·노무현 집권기 10년은 돌이켜보면 짧았다. 그 10년 동안 KBS를 변화시키기에는 조직은 너무 컸고, 너무 오래됐다. 오래된 습관이 쉽게 지워질 리 없다. 보통의 사람은 새로운 생각, 새로운 습관을 습득하기가 힘들다. 치매 환자의 뇌에서 보듯이 인간의 뇌는 가장 최근의 것부터 망각한다. 치매 걸린 노인이 가장 마지막까지 기억하는 이는 배우자나 자식이 아니라 부모나 형제다.

2008년 이명박이 대통령이 되자 사람들은 다시 옛날 기억을 금세 되찾았다. 10년 동안 정착시켜보려 했던 공영방송 체제는 일순간 무너졌다. 수십 년 전부터 원래 하던 방식으로 다시 조직이 운영됐다. 이명박이 압도적 표차로 대통령이 되고, 과거 독재정권 시절처럼 청와대의 눈치와 압박이 들어오자 KBS 구성원 다수는 곧바로 순응했다. 격렬히 저항한 사람들은 소수였다.

2008년 8월 8일, 이명박 정부 아래 KBS 이사회는 정연주 사장을 불법 해임시키기 위한 이사회를 강행했다. 이사회는 신속하게 진행됐다. 400여 명의 KBS 직원들이 나와 불법적 사장 해임을 규탄했지만, 경찰 특공대까지 동원된 공권력을 막지는 못했다. 늑골이 부러져 실려 나가는 사람까지 있었다. 이때 나온 KBS 구성원 400여 명은 4,000여 명의 KBS 직원 가운데 약 10퍼센트를 차지한다.

10퍼센트. 이 숫자를 어떻게 봐야 하는지 나는 아직도 판단이 서지 않는다. 보통의 회사였다면 이사회가 사장을 불법이든 적법이든 해임시킨다고 해서 직원들이 경찰들과 육탄

전까지 벌이며 이사회를 저지하려는 생각은 꿈에도 하지 못한다. 만약 그랬다면 모두 해고됐을 것이다. 그렇게 생각하면 400여 명은 많은 숫자다. 그러나 4,000여 명의 직원 대부분이 공영방송의 독립과 언론자유가 침해당했음에도 연대해 저항하지 않았다는 것은, KBS가 언제든 김인규와 같은 권력 지향적 언론인들의 생식지生殖枝로서 적합한 토양을 갖추고 있다는 의미이기도 하다. 2017년 KBS의 구성원들은 아직도 KBS를 개혁하고자 하는 '새노조'와 이에 사사건건 딴지를 거는 '구노조'로 양분되어 있다.

이명박 정권의 방송 장악이 완성되자 이명박 캠프의 언론특보였던 김인규는 화려하게 컴백했다. 1950년 생인 김인규는 1973년 한국방송공사에 공채 1기 기자로 입사해 1980년대 민정당을 출입했는데, 전두환과 민정당을 찬양하는 기사를 반복적으로 내보냈다. 그는 1992년 뉴욕 주재 특파원이 됐고, 이듬해 워싱턴총국 뉴욕지국장으로 영전했다. 1994년에는 워싱턴총국 특파원이 됐다가 1997년 한국으로 돌아와 보도국장으로 승진했다. 1998년에 KBS 부산방송총국장, 2001년에는 본사 뉴미디어본부장이 되었다.

KBS는 본부장부터 임원급이다. 그는 성균관대에서 박사학위를 받고 2003년에는 고려대 언론대학원 석좌교수를 지냈다. 같은 해 KBS 이사도 겸임한다. 전두환과 민정당을 찬양했다는 사실만 제외하고 그의 경력을 직위으로만 나열하면, 그는 특파원이었고 뉴욕지국장이었으며, 총국장이었고 본부장이었다가 고려대학교의 석좌교수를 지낸 사람이다. 얼마나 화려한 경력인가. 그는 2009년 11월 KBS 사장으로 취임해 2012년 말 퇴임 이후에도 GS 사외이사와 한국전쟁기념재단 이사장을 역임했다. 2017년 6월에는 경기대학교 총장으로 취임했다. 2017년 6월이면 문재인 정부 집권 이후다. 정권이 바뀌어도 그의 관운은 뒤바뀌지 않은 모양이다. 독재자 전두환이 천수를 다하면서 평화롭고 행복한 노년을 맞이하고 있는 나라에서 부역했던 한낱 언론인 '공범자' 중 한 사람이 평생 남부럽지 않은 권력과 부, 사회적 영예를 누리는 것은 당연한 일이다.

그래서겠지만 2017년 가을 〈조선일보〉 앞 야외 카페에서 전 KBS 사장이었던 김인규와 조선일보 방상훈 사장이 정담을 나누고 있는 장면을 목격했을 때 난 의아해 하지 않았다. 이명박 대통령 후보의 특보였다가 KBS 사장이 된 김인규와 〈조선일보〉 방상훈은 친분이 있을 수밖에 없을 것 같았다. 김인규가 KBS 정치부 기자 시절 전두환 정권을 찬양하면서 기자로서의 인생이 활짝 펴기 시작했던 것처럼, 〈조선일보〉도 비슷한 시기 전두환 정권에 충성을 다하면서 국내 최대 일간지로 완벽하게 입지를 굳힐 수 있었다. 두 사람은 연배만큼이나 취향도 비슷할 것이다.

그 몇 달 전이니 2017년 초여름이었나 보다. 김인규를 만나러 경기대 총장 사무실에 찾아갈 일이 있었다. KBS 사장 시절 벌어진 이른바 '민주당 도청 의혹 사건'에 대해 그에게 물어보기 위해서였다. 수도권 외곽의 경기대를 가기 위해 2시간 넘게 전철과 버스를 갈아타고 갔지만, 그를 만나기 위해서는 1시간 정도를 더 기다려야 했다. 총장 취임 직후라 축하화환들이 사무실에 남아 있었다. 사외이사를 했던 GS그룹 계열사 사장, 고대영 KBS 사장이 보낸 화환 등이 진열되어 있었다. 학생들과 면담을 마치고 총장실에서 나오는 김인규를 따라붙으며 물었다.

"당시 민주당 최고위를 KBS가 도청한 게 맞나요? 보고받으신 거 없습니까? 당시 국장은 해당 문건을 KBS가 넘겨줬다고 하던데요?"

대학의 홍보실장, 홍보실 관계자, 운전기사 등에 둘러싸였던 그는 취재에는 모르쇠로 일관하며 이렇게 말했다.

"여기까지 그거 물어보려고 왔어. 나중에 밥이나 한번 같이 먹자고."

대형 세단 뒷좌석에 그를 태운 차가 미끄러지듯 멀어졌다. 그가 운전기사가 딸린 기관장급으로 생활한 게 20년 정도는 되었겠구나, 라는 생각이 갑자기 스쳐 지나갔다. 비서와 차, 그의 태도 등 모든 것이 오래된 옷처럼 자연스러워 보였다.

김인규를 보위하던 '호위 무사들'도 순탄한 삶을 영위하고 있다. 아래 사진은 2009년 11월 24일 찍은 것이다. 그날은 이명박의 언론특보 김인규가 KBS 사장이 되어 첫 출근하던 날이었다. "특보 사장 반대"를 외치는 KBS 일부 사원들과의 몸싸움을 앞장서 막아가며 김인규를 호위하는 선글라스를 낀 남자가 눈에 가장 크게 띈다. 그는 백운기다. 백운기는 김인규 사장 취임 이틀 만에 비서실장으로 승진했고, 광주방송총국장, 시사제작국장을 거친 뒤 박근혜 정부 때는 KBS 보도국장에 임명됐다. 이정현이 청와대 홍보수석으로 있을 때였다. 공교롭게도 이정현과 백운기는 광주 살레시오고등학교 동문이다.

2009년 11월 24일, 이명박 대통령 후보의 방송전략실장을 지낸 김인규가 KBS 사장이 되어 첫 출근하던 날, 선글라스를 낀 백운기가 앞장서 호위하고 있다. _미디어오늘 이치열 기자

백운기는 그 후 오랫동안 KBS에서 방송인으로 활동했다.

　김인규 옆에 서서 팔짱을 끼고 김인규를 보좌하는 여성의 이름은 지연옥이다. 그도 김인규 취임 후 2009년 11월 시청자센터장에서 경영본부장으로 승진했고, 시청자본부장을 역임했다. KBS 자회사인 KBS 비지니스 이사를 거쳐 국회의원 나경원 딸을 부정입학시켰다는 의혹을 받았던 성신여자대학교의 학교법인 성신학원 이사를 역임했다.

## 3

## 기레기가 기레기인 이유

이명박 정부 5년 동안 정부 입김에 좌지우지된 KBS가 문화예술계 인사들의 블랙리스트를 작성하고 어버이연합에 돈을 주어가며 시위까지 시켰던 박근혜 정부 아래서 어떤 보도를 했는지는 불을 보듯 뻔하다.

KBS의 곽희섭은 2013년 9월, 공식석상에서는 볼 수 없었던 대통령의 친근한 모습을 전한다며 리포트 첫 머리에 "와" 하며 함성을 지르는 사람들의 목소리를 집어넣은 뒤 "아이돌 그룹 못지 않은 인기" "감춰뒀던 중국어 실력"이라고 첫 문장을 시작했다. 〈연예가중계〉 리포터들이 연예인들을 띄우면서 하는 멘트와 별 다를 바 없다.

그의 리포트를 보면 박근혜 대통령은 "장애인 재활센터에서 쓰레기봉투를 같이 접고, 학생 발명품 전시장에서는 가상 낚시에 푹 빠졌"다. 또한 "병마와 싸우고 있는 애국지사를 찾아 위로하고, 전통 시장에서, 어린이들과 함께 TV에서 볼 수 없었던 모습들"을 보여줬다. 곽희섭은 대통령이 "SNS 등 다양한 방식으로 국민들에게 다가가기 위해 애쓰고 있다고 청와대는 밝혔다"고 전하면서 리포트를 마친다. 보도 가치는 전혀 없고, 청와대의 대통령 홍보 의도만 가득한 리포트가 버젓이 KBS 9시 뉴스를 장식했지만, 2013년 당시만 해도 사람들은 이 보도에 그렇게 분노하지 않았다. KBS 〈VJ 특공대〉를 보면 박정희 전 대통령의 생가를 찾는 사람들이 북적였고, 전국 각지에서 온 시민들은 대통령이 두 명이나 나온 명당자리라며 박정희 전 대통령 사진에 절을 하며 '대통령 될 아들 하나 낳게 해달라'고 소원을 빌었다.

노골적인 것만 있는 게 아니다. '국가시책'을 띄우더라도 티나지 않게 은밀하게 하는 게 홍보효과는 더 크다. KBS는 2015년 12월 특집다큐 3부작을 방송했다.

> 3부작 다큐멘터리 "18억, 이슬람 시장이 뜬다"
> 1편 이슬람, 종교가 아닌 비즈니스로
> 2편 2700조, 할랄푸드 시장을 잡아라
> 3편 미래의 블루오션, 무슬림 관광시장

이 다큐멘터리는 2015년 12월 5일 토요일 밤 10시 50분, 12월 6일과 13일 일요일 밤 11시 10분에 각각 KBS 1TV를 통해 방송됐다. 방송쟁이들이 봤을 때는 시청률이 좀 나올만한 좋은 시간대다. KBS는 이 프로그램의 기획의도를 다음과 같이 밝혔다.

"중요한 것은 이 할랄푸드 시장이 세계 식품시장의 17.7퍼센트를 점하고 있으며 2019년까지 연평균 11.9퍼센트의 성장률로 2조 5,370억 달러 규모에 달할 것이라는 것…… 그렇다면 한국 식품이 이 할랄푸드 시장에 진출하려면 무엇을 해야 할까?"

그럴싸한 수치를 나열하면서 이들이 말하고자 하는 요지는, 엄청 큰 시장이 할랄푸드 시장이니 한국 기업들이 진출해야 한다는 것이다.

"K-Pop과 한국 드라마를 사랑하는 말레이시아 사람들의 한식 사랑은 대단하다. 하지만 한 가지 걸림돌은 할랄. 배우 ○○○이 직접 말레이시아에서 말레이시아 음식을 맛보고, 한식을 소개하며 연간 1조 1,000억 달러에 달하는 막대한 할랄푸드 시장에 한식이 뛰어들기 위해서는 어떤 노력이 필요한지 알아본다."

기획의도에 나오는 숫자들만 놓고 보면 눈이 휘둥그레진

다. 연간 1조 1,000억 달러, 우리 돈으로 1,200조 원 정도 되는 막대한 할랄푸드 시장이 빠르게 성장해서 2019년까지 2조 5,370억 달러, 우리 돈으로 2,700조 원 가까운 시장이 된다고 한다. 이 숫자들만 보면 당장 우리가 여기에 뛰어들어야 할 것 같다. 2,700조 원이면 우리나라 한해 예산의 7배 정도 되는 거액이다. 프로그램은 시청자에게 2,700조 원이나 되는 엄청난 규모의 시장이 2019년이면 우리 한식업계로 들어올 것처럼, 또는 우리 기업들이 이슬람 시장으로 진출해 금방이라도 큰돈을 벌 수 있을 것처럼 이야기하고 있다.

그러나 잠깐만 뒤돌아 생각해봐도 이 프로그램의 기획의도는 엉터리임을 알 수 있다. 그렇게 큰 시장이었다면 수출 강대국 한국이 왜 그동안 접근하지 않았는가? 한국 기업들의 할랄푸드가 현지 기업들에 비해 경쟁력이 있을까? 한국인 대부분에게 생소한 이슬람 문화는 또 어떻게 극복할 것인가? 이슬람 국가들은 미국과 적대국이 많은데다 내전도 자주 일어나는데 괜히 진출했다가 자산만 묶이고 최대 우방인 미국에게 미움만 사게 되는 것은 아닐까? 무엇보다 한국에서 중동까지 할랄푸드를 운반하려면 물류비가 막대할 것이고, 현지에서 사업하려면 현지 사정에 정통해야 할 텐데 우리가 갑자기 할랄푸드를 잘 만들 수 있을까?

그러나 이 프로그램은 모든 질문은 뒤로 하고 오직 할랄푸드 시장의 거대함만을 이야기하고 있다. 상식적으로 말이 되지 않는다. KBS가 이 프로그램 아이디어를 과연 자체적으로 개발했을까? 난 그럴 리 없다고 확신한다.

2015년 연말 KBS가 이 프로그램을 방송하기 6개월 전인 2015년 6월, 농림축산식품부는 장관 명의로 보도자료를 내면서 할랄시장은 "전세계 식음료 시장의 17.7퍼센트('2013년, 1조 2,920억 불)를 차지하는 거대 식품시장이며, 향후 무슬림 인구 증가와 함께 지속 성장할 것으로 예상"되니 정부는 기업과 함께 할랄 수출시장을 확대하기 위해 포럼도 개최하고 주요 인프라도 구축하겠다고 발표했다. KBS의 다큐멘터리 기획의도에 나오는 17.7퍼센트와 똑같은 수치이자 똑같은 논리 전개다. 2015년 여름에 2013년 말 기준 시장 통계를 인용한 공무원도 어지간히 무성의하게 일한 것으로 보이는데, 2015년 연말 다큐멘터리를 만들면서 2013년 통계를 인용한 정부의 보도자료를 그대로 받아 베낀 공영방송의 PD도 그 '관료스러움'에서는 우열을 가리기 힘들어 보인다.

농림부는 보도자료에서 기업들이 할랄식품 시장 진출 시 애로를 겪고 있기 때문에 주요국별 할랄시장의 동향과 인증제도 등 관련 정보를 파악해서 기업에게 원스톱 서비스를 제공할 방침이라고 했다. 또한 코트라(KOTRA)나 한국식품연구원 같은 공공기관들도 기업 수요를 반영하여, 재외공관 등과 협업을 통해 주요 할랄시장에 대한 심층 조사를 실시해 관련 정보를 통합 제공할 예정이라고 밝혔다. 한 발 더 나가 할랄 도축·도계장 시설을 따로 설치하고, 개보수 자금을 지원하면서 국가식품클러스터 내 할랄식품 전용단지, 즉 할랄파크 조성을 추진할 예정이라고 발표했다. 또 농림부는 보도자료에서 무슬림 지역(중동, 동남아) 호텔 쉐프 교류, 재외공관 활용 한식 전파, 할랄지역 한식당 협의체 구성 등을 통해 한국 식문화를 지속 홍보할 계획이라고 밝혔다. 한국을 찾은 무슬림의 가장 큰 불편사항인 식사 문제 해결을 위해 할랄식당 리모델링과 인증 비용도 신규 지원한다고 선언했다. 이런 보도자료를 보고 있자면 내 세금이 이렇게 무용한 곳들에 허무하게 쓰인다는 사실에 분개하게 된다.

왜 갑자기 농림부가 이렇게 할랄푸드에 대해 관심을 갖게 된 것일까? 할랄푸드 사업은 농림부가 주관하고 외교부, 문화부, 복지부, 식약처 등 관계 부처들이 협력하는 범부처 사업으

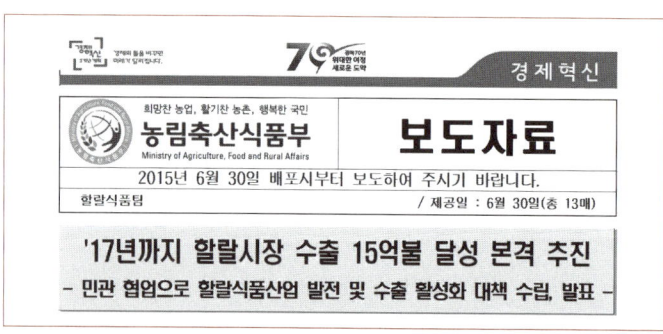

2015년 6월 농림축산식품부 보도자료 중 일부. 할랄푸드 사업은 당시 농림부, 문화부, 산업자원부 등이 합동으로 추진했다.

로 추진될 예정이었다. 할랄푸드 진흥책의 첫 제안자는 차은택인 것으로 추후 밝혀졌다. 우리가 그 사실을 안 것은 2017년 1월, 박근혜와 최순실의 관계가 밝혀지고 박영수 특검팀이 꾸려진 직후였다. 박근혜 정부가 이런 황당한 보도자료를 낸 것은 2015년 여름, KBS가 3부작 다큐멘터리를 주말 밤 시간대에 내보낸 것은 2015년 겨울이었으니 세월호 참사 당일 박근혜의 7시간과 비교하면 꽤 빨리 밝혀진 진실이다.

자신이 하는 일이 무엇인지도 모른 채 윗사람의 지시를 받고 업무에 매진했던 농림부 공무원들이나 KBS PD는 아마도 한국에서 가장 좋은 대학 중 한 곳을 나왔고, 경제적으로는 중상류층인 평범한 사람들이었을 것이다. 개인적으로 만나면 지극히 합리적이며 온화한 사람들일 것이다. 개인적으로는 분명 '좋은' 사람들일 것이다. 다만 그들을 바보처럼 행동하게 만든 건, 박정희·전두환 때부터 전수되어 내려온 조직의 문화 때문이다. 그런 공무원의 상징어가 '영혼 없음'이라면, 그런 공무원과도 같은 언론인의 상징어는 무엇이 되어야 할까? 2015년 박근혜 정부의 보도자료와 똑같이 주장하는 다큐멘터리를 만든 KBS PD의 피 속에는 1970년대 문화공보부 중앙방송국 시절부터 내려오는 별정직 5급 사무관의 DNA가 면면히 전수되고 있는 것은 아닐까?

'기레기'는 왜 '기레기'가 되었을까? 대부분의 기레기는 기레기가 되고 싶지 않았을 것이다. 생각해보면 그들도 20대에

꿈이 있었고, 언론사에 들어오기 전 나름의 다짐이라는 것을 했을 텐데 말이다. 원래 인간이 기레기여서 그런 건 아니다. 대부분의 기레기는 이렇게 말할 것이다.

"내가 기레기인가? 다 나처럼 살지 않는가?"

처음부터 마음먹고 '기레기'짓을 통해 자신의 출세 경로를 설계할 사람은 없다. 처음부터 그 사람이 악했던 것은 아니리라. 기레기는 누군가로부터 배움을 통해, 문화적 체득을 통해 만들어진다.

'저렇게 살면 좋은 출입처에 들어가는구나. 이렇게 행동하면 승진하기 쉽겠구나. 적당히 기사 쓰고, 골프도 좀 치면서 고급 취재원들과 만나는 생활은 남에게 뻐길 만 하구나. 검사나 기업인에게 들은 이야기를 꼭 기사로 쓸 필요는 없구나. 내부 정보 보고망에만 올려서 부장이 이를 회사 내에서 또는 사적으로라도 활용하게 하는 게 내가 더 귀여움 받을 수 있는 일이구나. 내가 이 기사를 이런 식으로 적당히 뭉개버리면 국장은 좋아하겠구나.……'

결국 흉내내기, 따라 하기, 순응, 사회화의 결과다. 그들은 그저 나약한 인간이다. 다만 나약한 인간은 괴물이 되기 쉽다. 나치의 뜻에 따라 유태인을 감금하고 살해한 독일인들도 평범한 소시민들이었다. 적어도 스스로는 그렇게 믿고 있었다. 기레기들도 마찬가지다.

## 4

## 출입처 폐지,
## 노무현 전 대통령이 옳았다

"과연 언론자유가 기자실에 있습니까? 유신시절, 5공시절은 기자실 전성시대였습니다. 그 기자실에 언론자유가 있었습니까? 통제와 유착과 부당한 이익만 있었을 뿐 아닙니까? 정말 기자실에 국민의 알권리가 있습니까? 알권리는 기자실의 관급정보 받아쓰기, 귀동냥에서 충족되는 게 아닙니다. 발로 뛰어서 기사를 써야 국민의 알권리가 충족되는 것 아닙니까? 그동안 국민의 알권리를 충족했다 싶은 좋은 기사들 중에서 기자실에서 나온 기사는 없습니다. 기자실에서는 좋은 기사가 나오지 않습니다. 출입처 기자실은 경쟁의 필요성을 줄이는 기능을 하기 때문입니다. 출입처 제도는 편견과 유착의 근원이 되고 기사를 획일화하는 백해무익한 제도입니다. 좋은 기사, 나만의 기사를 쓰기 위해서는 출입처 바

깥으로 나가서 발로 뛰고 시야를 넓히고 공부하고 연구하면서 기사를 써야 합니다."

2007년 6월 2일, 노무현 대통령이 '참여정부평가포럼'에서 강연한 내용 중 일부다. 위에 있는 어떤 단어 하나, 어떤 문장 하나 버릴 수 없어서 그대로 인용한다. 나는 이 모든 말에 동의한다. 특히 다음과 같은 말들은 더욱 좋다.

"유신시절, 5공시절은 기자실 전성시대였습니다. 그 기자실에 언론자유가 있었습니까? 통제와 유착과 부당한 이익만 있었을 뿐 아닙니까?"
"알권리는 기자실의 관급정보 받아쓰기, 귀동냥에서 충족되는 게 아닙니다. 발로 뛰어서 기사를 써야 국민의 알권리가 충족되는 것 아닙니까?"
"기자실에서는 좋은 기사가 나오지 않습니다. 출입처 기자실은 경쟁의 필요성을 줄이는 기능을 하기 때문입니다. 출입처 제도는 편견과 유착의 근원이 되고 기사를 획일화하는 백해무익한 제도입니다."

노무현 전 대통령은 한국 언론을 정확히 꿰뚫어 보고 있었다. 그의 말대로 언론은 수십 년 동안 정치·경제 권력과의 유착을 통해 누린 부당이익을 '당연하다'고 생각해 왔다. 그들이 본

디부터 소유한 특권이라고 여겨왔다. 언론이 누려온 부당한 이익의 기저에는 '출입처' 제도가 자리하고 있다. 그게 그들의 가장 핵심적인 특권이다. 〈조선일보〉든 〈한겨레〉든, 인터넷 뉴라이트 언론사건 진보적 매체이건, 출입처에 들어가면 동맹을 맺고 동화가 된다.

일본 관동군 시절의 세지마 류조. 그는 박정희 쿠데타 이후 한국과 일본 정·재계의 막후 통로로 활약했다.

2005년 4월 16일 KBS 〈미디어포커스〉에서 '세지마 류조로 본 한일 극우 커넥션과 언론'편을 방송했을 때의 일이다. 이 프로그램은 '세지마 류조'라는 인물을 통해 한국과 일본 정·재계의 뿌리 깊은 극우 커넥션과 여기에 편승해 왜곡보도를 일삼은 〈중앙일보〉를 비판한 프로그램이었다.

세지마 류조는 일제의 패망 직전 관동군 참모로, 박정희의 직속상관에 해당하는 사람이다. 그는 이 인연을 계기로 박정희가 쿠데타로 정권을 잡자, 한국과 일본 정·재계의 막후 통로가 되었다. 제3공화국 당시 박정희에게 비공식적 통로로 얘기할 수 있는 게 세지마 류조였다. 세지마 류조를 신군부, 즉 전두환 쿠데타 정권에게 소개시켜준 이가 삼성의 창업자 이병철이었다. 세지마 류조는 1987년 이병철 회장 영결식에서 조사를 할 정도로 두 사람의 관계는 특별했다. 박정희·세지마 류조·이병철의 특수관계는 한국과 일본의 정·재계 우익세력들이 어떻게 서로를 도와가며 한·일 역사를 왜곡시켜왔는지를 보여주는 단면이었다. 특히 세지마 류조는 한·일간 외교의 숨은 실력자였을 뿐만 아니라 '대동아전쟁'을 정당화하면서 "이 전쟁이 침략전쟁이 아닌 자존자위의 수동전쟁"이라고 주장한 일본 극우세력의 정신적 지주 같은 사람이었다. 그런 세지마 류조를 당시 외교통일부를 출입하는 〈중앙일보〉 선임기자가 칼럼을 통해 "전쟁을 반성하는 양심적 군인"으로 미화했으니 미디어 비평 프로그램인 KBS 〈미디어포커스〉가 이를 비판 보도하지 않을 수 없는 상황이었다.

이 프로그램 취재를 위해 정부 외교통일부 기자실을 방문했던 나는 출입기자들이 방송사 카메라를 대하는 모습에 경악했다. 출입처 기자실 문을 열고 들어가니 기자 1명은 소파에 드러누워 자고 있었고, 몇 명은 책상에 앉아 인터넷을 보고 있었다. 해당 칼럼을 썼던 〈중앙일보〉 기자가 취재에 응하지 않아 어쩔 수 없이 출입처까지 찾아간 것인데, 아마 그 기자가 외교통일부 출입처에서도 선임기자급이었던 것 같다. 안쪽에서 나와 카메라를 밀치기 시작하면서 "너희들이 뭔데 여기에 들어와서 나를 찍느냐"고 하자, 뒤따라 〈한겨레〉 출입기자가

"너 기자 몇 년차야! 당장 안 나가!"라고 고함을 지르며 나를 밀쳤다.

KBS 기자라고 해도 해당 부처 출입기자가 아니면, 정부의 출입처 기자실에 들어갈 때 누군가의 허락을 받아야 하는 것이었나 보다. 나는 지금도 취재에 응하지 않는 〈중앙일보〉 기자를 만나기 위해 어떤 사람의 허가를 받고 출입처 기자실에 가야 하는지 알지 못하겠다. 자신들의 동료 가운데 누군가를 비판적으로 보도하려는 언론사의 카메라가 보이면 나이를 따지면서 "나가라"고 소리 지르는 것은 직업이나 이념적 성향과는 아무런 관련이 없다는 사실을 나는 그때 깨달았다. 국민의 1퍼센트도 안 될 소수의 기자들이 점유한 '출입처'라는 특권과 이를 통해 그들이 향유하는 부당한 이익은 여전하다.

노무현 전 대통령이 저 절규에 가까운 말을 한 지 10년 넘게 지났다. 대통령도 못 바꾼 출입처 제도는 여전히 온존한다. 아니, 그때보다 더 융성하다. 한국의 중앙정부나 지방정부는 여전히 출입처 시스템을 존중한다. 새로운 언론사나 1인 미디어들이 출입처 기자실에서 작업하는 것은 상상할 수 없는 일이다. 기자실을 상시 또는 수시로 이용하고자 공무원들에게 허락을 받으려고 하면, 자신들의 청사 건물인데도 출입처에 등록된 기존 기자들로 구성된 기자단에게 허락을 받아오라고 말한다. 관공서의 건물은 정부 세금으로 운영되지만 국민 누구나 이 공간을 쓸 수 있는 건 아니다. 꼭 공간의 제약 때문만은 아니다. 그곳은 마치 태고시대 금줄처럼 안과 밖을 나누는 공간의 제약이자 차별의 상징이다.

 출입처를 통해 언론사 기자들이 얻을 수 있는 것은 많다. 일단 밥이 공짜다. 김영란법이 있음에도 불구하고 기자들은 여전히 공무원 한 사람을 붙잡고 우르르 밥을 먹으러 다닌다. 대개 공보실 직원이지만 가끔 부처의 실·국장들이 교대로 나와 밥을 사며 부처 현안을 설명하기도 한다. 밥값을 따로 내겠다는 기자는 아직도 희귀하다. 밥값을 따로 내겠다는 말은 기존의 관행에 저항하겠다는 뜻으로 해석되기 때문에 양심껏 살아보려는 기자들도 출입처 시스템에서는 밥값을 내기 힘들다. 무엇보다 밥값을 내게 되면 출입처 공무원들이 그를 달리 볼 것이고, 이내 외톨이가 되고 차차 주요한 정보에서 소외될 것이기 때문이다. 정부든 기업이든 마찬가지다. 기자들의 출입처에서 내는 밥값은 기자와 출입처 사람들이 같은 배에 타고 있다는, 우리는 공적인 관계만은 아니라는 그들만의 표식 같은 것이다.

 밥을 트기 시작하면 다음 단계의 유착들은 자연스러워진다. 일상이 된다. 말단 관공서부터 중앙부처 장관실까지 국민 세금으로 산 '상업 신문'들이 아직도 매일 아침 공무원들의 책상 위에 깔려 있다. 국민 세금으로 왜 공보실 김 과장에게 조·중·동이나 전경련에서 출자한 경제신문까지 보게 해야 하는지 나는 이해할 수가 없다. 그렇게 바쁜 공무원들이 하루에

10종 안팎의 신문들을 다 보는 것일까? 그걸 보고 앉아 있는 게 근무태만이고, 배임이 아닌가? 선진국 어디에 이런 제도가 있는가? 왜 국민 세금으로 조·중·동 수만 부가 자동 선결제되어야 하는지 당신은 이해가 되는가?

출입처 시스템이기 때문에 그렇다. 대부분의 한국인이 인터넷을 통해 뉴스를 습득하지만 출입처에 해당 언론사 기자들이 있고, 그들이 쓰는 기사가 장관의 심기를 불편하게 할 수 있기 때문에 따로 관리하는 것이다. 신문기사들을 꼼꼼히 살펴보다 보면 독자에게 전달하려는 기사라기보다는 출입처 관료들에게 보내는 메시지들이 가끔 눈에 띈다. 대중매체들이 대중은 배제하고 신문지면을 통해 자기들끼리 속닥거리고 있는 것이다.

그렇게 속닥거리는 기사의 내용이 무엇이든, 결국은 '이익'과 연관되어 있다. 정부 부처나 정부가 영향력을 미치는 공공기관들은 기관에 출입 등록된 언론사 위주로 광고비를 지급한다. 한국의 정부 부처만 20개 정도다. 그 부처들이 관할하는 공기업, 공공기관들만 해도 부처에 따라 40~50개에 이른다. 이 공기업들이나 공공기관의 영향력 아래에 놓여있는 각종 법인들이 경우에 따라서는 수십 개가 또 있다. 한 부처가 입김을 불어넣을 수 있는 회사, 기관들이 최대 수백 개에 이른다는 뜻이다. 결국 정부가 컨트롤할 수 있는 언론사들에 대한 광고·홍보비는 연 단위로 최소 수천억 원이라는 말이다. 그게 어떻게 쓰여질까?

    박근혜 정부에서 극우 인터넷 매체들에게 수천만 원씩 지급한 것이 바로 이런 돈이다. 등록된 사무실 주소로 찾아가 보면 조그마한 방 한 칸짜리 사무실인 경우도 있었다. 언론사에 몸담았던 적은 있었는지 궁금한 정체불명의 사람들이 언론사라고 등록만 해놓은 곳도 여럿이었다. 이런 정체불명의 곳들이 언론사라면서 눈 먼 정부 홍보비 예산을 타갔다. 국토위 산하의 한 공단은 기관장 임기 중 자신이 나온 대학의 교지 등에 홍보비 명목으로 돈을 지급하기도 했다. 박근혜 정부 때는 새누리당 중앙위원회 당 기관지에 보훈처 등 서너 개 공공기관들의 홍보비가 지급된 적도 있다. 정부가 국민 세금을 걷어서 특정 정당 기관지에 뿌리는 엽기적인 행각을 벌인 것이다.

    이런 일탈적인 경우만 문제가 되는 것은 아니다. 정부나 산하기관들이 뿌리는 광고·홍보비는 언론사들의 주요한 수입이다. 출입처에서 어떤 언론사가 어느 정도의 홍보비를 광고 명목으로 받아갔다는 것이 소문나면, 비슷한 경쟁사들은 최소한 그와 똑같은 액수의 광고비 책정을 공보실을 통해 요구한다. 공보실 입장에서는 누구는 주고 누구는 안 줘서 관계가 악화되는 것보다는 일괄적으로 지급하는 것이 장기적인 관계 형성은 물론 모든 면에서 편안하다. 그래서 최대한 할 수 있는 만큼 많이 지급해준다. 어차피 자기 돈 아닌 국민 세금이다. 학회가 열리면 학회지에도 지급해서 관련 분야 전문가들과 교수들과 인적 유대관계를 구성해 놓는 것도 이들 입장에서 나쁜 일이 아니다. 정부나 정부 산하기관에서 일상적으로 광고·홍보비를 받는 것은 사실상 제도화되어 있다. 그 과정에서, 그 결과로 출입처와 출입처 기자들은 유착한다. 부조리는 다반사다.

한 공공기관의 홍보팀장은 지금은 광고 에이전시를 자처하는 브로커들이 중간에 끼어 있을 정도로 관련 '산업'이 융성해 있다고 한탄하듯 내게 말한 적이 있다. 광고 효과가 없는 것은 서로가 다 아는 사실이니, 티나지 않도록 적절히 기관이나 기관장을 추켜 세워주는 홍보 기사를 통해 광고비와 바꿔 먹는 경우도 있다고 말했다. 자신들의 업적을 국민들에게 알리고, 이를 통해 사회적으로 좋은 평가를 받는 것이 홍보의 목적인 바에야 이걸 '광고'를 통해 노골적으로 하는 것보다는 '객관적으로 보이는' 신문이나 잡지의 기사나 보도를 통해 은연중 내비치는 것이 훨씬 홍보 효과가 크다. 모든 홍보 담당자들이 숙지하고 있는 사실이다.

수십 년 동안 그렇게 해왔던 일, 그게 사회적 관습으로, 한 세대의 일반적 행태로 굳어진 일이 대통령 한 명 바뀌었다고 금방 변할 것이라고 생각하면 오산이다. 정부의 어떤 위원회는 실제로 한 지상파 방송사의 제안 때문에 위원회 회의까지 연 적도 있었다. 지상파 방송사가 위원장을 심층 인터뷰하는 대가로 3,000만 원을 요구했기 때문이다. '지상파 방송사 보도에 위원장의 인터뷰가 잘 나가서 위원회가 홍보된다면 3,000만 원은 아깝지도 않다'는 의견과 '돈을 주고 인터뷰하는 것은 유착이므로 결코 윤리적이지 않다'는 의견이 팽팽히 맞섰다. 결국 인터뷰를 하지 않기로 결정했다. 하지만 인터뷰를 했다고 하더라도, 그래서 홍보비용 3,000만 원이 지급됐다고 하더라도 그 돈이 꼭 인터뷰에 대한 대가용인지를 외부에서 파악하기란 쉽지 않았을 것이다. 기관의 규모에 따라 한 해 수억 원에서 수십억 원이 집행되는 홍보비 내역을 모호하게 적어놓고 외부인들이 알아채지 못하도록 하는 일은 어렵지 않다. 문서작업은 아직도 충분히 그렇게 할 수 있다.

국회는 행정부와 다를까? 구조적으로 똑같다. 출입처 제도는 그 제도 아래 놓여 있는 모든 사람들의 일상에 관여한다. 국회의원들도 예외는 아니다. 국회 국정감사가 시작되면 국회의원들은 언론에 더욱 신경 쓴다. 자신의 국감 중 발언이 언론에 인용될수록 유권자들에게 어필할 수 있다. 잘 써줬다면 국회의원 홈페이지에 따로 올리거나 홍보지로 만들어 지역 유권자들에게 돌리기도 한다. 국회에서 일 잘하고 있다는 '증거'라고 홍보하고 싶은 것이다.

심지어 국정감사가 시작되기 전 원내대표실에서 으레 문건이 내려오기도 한다. 국정감사 기간 동안 어떤 의원이 잘 했는지 '우수의원'을 뽑아야 하니 관련 자료를 제출하라고 말이다. 우수의원 선정은 국회의원실에서 나오는 정책자료집, 보도자료, 언론보도 등의 성과를 기준으로 한다. 어떤 의원들은 언론에 보도자료를 뿌리기 전에 출입처 기자들 중 자신들과 친한 기자들, 자신들의 의도대로 기사를 써 줄 기자들에게 접근해 '특종'을 보장해주며 한 군데 언론사만 집중 공략하기도 한다. 언론사는 좋은 기사거리를 받아서 좋고, 국회의원들은 당내 우수의원에 선정될 점수를 획득하니 누이 좋고 매부 좋은 일이다.

이렇게 점수를 줄 때 언론사는 지상파, 종합편성채널 등 TV 매체와 중앙 일간지, 지방지, 경제지, 인터넷 등 매체별로 나뉘지만 여기에는 이념이 개입하지 않는다. 더불어민주당 의원이 의정 활동을 잘해서 TV조선에 좋게 포장되어 나왔다면 그 역시 가점이 된다. 자유한국당 의원이 〈한겨레〉에 좋게 포장되어 나오는 경우도 마찬가지다. 유권자 모두가 동등한 '한 표'인 국회의원 입장에서는 특정 언론사를 적대적으로 대해 이득이 될 게 없다. 2017년 10월 치러진 국정감사 때까지도 이러한 관계들은 유지되었다.

앞으로도 출입처 제도는 영원할 것 같다. 노무현 전 대통령의 표현대로 "출입처 제도는 편견과 유착의 근원이 되고 기사를 획일화하는 백해무익한 제도"지만 그것은 출입처 밖에 있는 사람들, 시민들의 관점이다. 출입처 안에 있는 99퍼센트의 기자, 공무원, 정치인들에게 출입처 제도는 합리적이고 편안하며 편리한 제도다. 한국 민주주의 역사에서 기자, 공무원, 정치인은 한 뿌리에서 태어난 형제와도 같다.

3장

# 한국 사회를 움직이는 사람들

# 1

## 합리적 부조리를 만드는 네트워크

2010년 나는 미국 미주리대학교 저널리즘대학원에서 공부하고 있었다. 미주리대학교는 기자들 사이에서는 저널리즘으로 유명하지만, 한국 관료들 사이에서는 경제학으로도 유명하다. 미국 대학원 가운데 거의 유일하게 3년 만에 박사학위를 취득할 수 있는 곳으로 알려졌기 때문이다. 한국에서 행정고시를 패스하고 거기서 학위과정에 있는 공무원들은 정말 열심히 공부한다.

하지만 한계가 있다. 《성문종합영어》나 《맨투맨》으로 배운 '일본식 영어'로는 자유로운 의사소통이 힘들다. 인문사회과학 분야에서 자유롭게 영어로 말하고 글쓰기가 되지 않으면서 박사학위를 딸 수 있는 방법은 성실함 그리고 독창적 데이터에 기반한 정량 분석밖에 없다. 그래서 공무원들은 한국 이야기를 한다. 그런데 한국 사례를 들어 논문을 쓰면서 사용하는 정부나 공공기관들의 자료들은 내가 취재하면서 단 한 번도 구경하지 못한, 다시 말해 정보공개를 청구해도 잘 공개되지 않는 자료들이 대부분이다. 그런 자료들이 논문의 기본 데이터베이스가 되어 미국 여러 대학교 도서관에 차곡차곡 쌓이는 것이다. 한국 공무원들은 한국 국민들이 낸 세금으로 미국에서 체재비까지 받아가며 아이들 영어공부도 시키고, 한국의 기자나 시민단체들에는 제공하지 않는 자료들을 본국으로부터 받아 미국 지식인들의 창고에 차곡차곡 저장해주는 역할도 한다는 이야기다. 물론 데이터만 가지고 박사학위를 딸 수 있는 것은 아니지만, 만약 그런 데이터가 없었다면 이들이 박사학위를 비교적 단기간에 딸 수 있었을까는 생각해볼 여지가 있다.

미국에서 박사학위를 취득한 공무원들이, 학부 이전에 미국에서 교육을 받지 않은 사람이라면, 미국과의 무역협상이나 외교 무대에서 유창한 영어로 미국 관료를 제압하거나 타협할 실력이 있는 것도 아니다. 이런 사람들이 국제무대에 나가 외교적 협상을 하려면 무조건 통역을 써야 한다. 자기들 욕심껏 공부해서 미국 박사학위는 취득했지만, 세금은 세금대로 들이고 실무에서는 별 능력을 발휘하지는 못한다는 이야기다.

그러나 그곳에서 한국인들끼리 할 수 있는 일은 많다. 연수를 온 공무원들은 인맥 관리에도 열심이다. 먼저 각 부처에서 온 공무원들이 서로 안면을 튼다. 그리고 미주리는 저널리즘 대학원 때문에 한국에서 온 기자들이 많아 기자와 공무원들이 함께 어울리는 경우가 많다. 기자들은 연수를 목적으로 미국에 왔다고 하지만 실제로는 골프만 일주일에 삼사 일 이상 치는 사람들이 태반이다. 그래서 골프장은 기자들과 공무원들이 어울려 인맥을 형성하기 최적의 장소가 된다. 골프는 이들의 관계를 돈독하게 하는, 형과 아우처럼 지내게 하는 일등공신이다. 함께 골프를 치고 각자의 집으로 돌아가면 끝일 것 같지만 그렇지 않다. 한국인들은 함께 어울려 산다. 사는 동네가 비슷하다. 일요일마다 같은 한인 교회도 다닌다. 아이들이 비슷한 또래라면 안 친해질 수가 없다. 서로 집을 오가며 밥도, 술도 같이 먹는 통에 누구 집 숟가락이 몇 개인지도 알 정도다. 그렇게 적극적으로 정을 쌓다보면 이런저런 속내도 이야기하게 된다.

한번은 저녁 술자리에서 한 공무원이 자신의 상사 이야기와 함께 한국 직장에서의 고충을 이야기했다. 그가 줄을 대야 하는 사람은 장관이었다. 그런데 기자 한 명이 나서서 그 장관과 친하다고 말했다. 두 사람이 얼마나 친한지 술좌석에 있던 사람들이 약간 의아해하는 눈치가 보이자 기자는 자존심이 상했던지 직접 국제전화를 했다. 장관이 전화를 받았다. "아. 장관님. 제가 여기 미주리에 와 있지 않습니까. 와보니 ○○○ 과장이 있네요. 사람 좋습니다. 저와 친해졌어요. 공부도 여기서 정말 열심히 합니다. 일도 잘하지요? 하하하.……" 간단한 전화통화가 끝나자 그 공무원이 기자를 대하는 자세가 더욱 깍듯해졌다. 내가 보기에는 전형적인 호가호위였지만 한국인들에게는 통하는 방식이다. 장소가 미국이었을지라도.

이들이 이런 관계를 통해 당장 불법을 저지를 일은 거의 없다. 자신의 커리어를 관리하는 사람들이 몸조심하지 않을 리가 없다. 다만 그 같은 깊고 넓은 네트워크는 자신을 계속성 안에 안정되게 머물게 하는 기본적 토양이 된다. 이 토양 안에서 부조리가 싹틀지, 그렇지 않을지는 알 수가 없다. 대부분의 경우 부조리가 싹튼다고 할지라도 이들의 부조리는 '합법적 부조리'일 가능성이 높다. 법망은 피해가는 선에서 다른 사람의 기회가 자신의 기회가 되는 정도라면 그리 나쁠 것은 없지 않는가?

## 2

## 전문가, 삼성이 관리하는 '또 하나의 가족'

이재용 삼성전자 부회장의 구속 이후 삼성그룹의 정계·관계·학계의 로비 업무를 담당했던 대관업무팀이 해체되었다는 공식발표가 있었지만 이를 곧이곧대로 믿을 한국인은 많지 않다. 비슷한 발표는 이건희 회장의 비자금 사건 때도 있었지만 곧 똑같은 행태를 되풀이했기 때문이다. 생각해보면 삼성 입장에서는 후계자인 이재용이 구속되어 재판을 받고 있는데 그룹 내 200명 안팎의 변호사들을 놀릴 이유도 없다. 이들의 기존 네트워크와 변호를 맡고 있는 대형 로펌의 인맥이 유기적으로 결합해야 후계자 이재용의 재판에 최선의 결과를 가져올 수 있는 상황이다.

삼성이 고용한 전직 관료들도 삼성의 눈과 발이 되어줄 것이다. 2010년부터 2016년까지 7년 동안 삼성, 현대차 등 5대 재벌 대기업에 재취업한 공무원은 240명에 이른다. 이 중 삼성이 119명으로 근 절반이다. 정부의 거의 모든 부처 관료들과 주요 산하기관 임직원들이 삼성으로 옮겨갔다. 단 7년 동안의 기간에 이 정도다. 지난 수십 년 동안 얼마나 많은 공무원들이 삼성의 눈, 발, 입이 됐을 지는 불을 보듯 뻔하다.

"대통령실, 법무부, 외교부, 금융감독원, 대검찰청, 고용노동부, 농촌진흥청, 국가정보원, 경찰청, 국방부, 감사원, 한국은행, 공정거래위원회, 국세청, 산업자원부, 기획재정부, 농림식품부, 한국도로공사, 건강보험심사평가원, 조달청, 한국관광공사, 관세청, (사)한국표준협회, 한국자산관리공사, 방위사업청, 인천국제공항공사, 국민권익위원회, 한국산업안전보건공단,……" 등등 이름도 다 열거하기 어렵다.

게다가 삼성전자의 직원 수만 10만 명에 이른다. 삼성의 다른 계열사 임직원들과 여기에 1차, 2차, 3차 협력업체들까지 포함하면 최소 수십만 명이다. 이들은 피라미드형으로 삼성과 얽혀있다. 권력의 정점에는 여전히 이재용이 있다. 삼성전자 대관업무팀에 근무했던 한 직원은 내게 이렇게 말했다. 그는 삼성이 뚫지 못할 인맥은 한국에 존재하지 않을 거라 확신하는 듯 했다.

"대기업이 구매해주는 협력사들을 생각해보세요. 엄청난 인맥입니다. 거기 사장, 임원들은 삼성이 구매처에요. 삼성이 물어보겠죠, 슬며시. 그걸 쌓아 놔요. 데이터베이스를 구축해 놓고. 누가 누구를 잘 안다고. 그럼 한국에서는 한 다리만 건너면 그냥 다 아는 사람입니다. 반드시 있습니다. 그 지인을 안다는 것 자체가 엄청난 정보력인 거죠. 그분들이랑 접촉하고 설득하면 아무리 강직한 사람이라도 친한 선후배가 이야기하자는데, 그냥 만나자는데 나가는 거죠. 모르고. 여하튼 만날 수는 있잖아요. 뚫을 수는 있거든요. 어떻게든."

"옛날 김기춘 때처럼 뭐 사람 고문해서 만든 정보도 아니고, 잘 구슬려서, 돈도 주고, 협박한 것은 아니거든요. 뭐 이거 안하면 매출 끊어버리겠다, 이렇게 노골적으로 말은 안하거든요. 하지만 그런 뉘앙스만 풍기는 거지, 뉘앙스만. 완전 사람을 고문하는 것은 아니니까. 삼성 사람들 열심히 일해요."

정치인, 관료, 법조, 언론 관련 인사들만 삼성과 가깝게 지내는 것은 아니다. 엔터테인먼트, 예술, 교수 등 비교적 자유로운 직종의 사람들도 삼성과 이런저런 관계를 맺고 있다. 삼성이 주는 연구용역들, 삼성이 소유한 연구기관과 각종 재단들, 삼성이 하는 사회사업에 이들이 참여하지 않을 이유가 없다. 산업 관련 분야 학회들을 물질적으로 도와주는 곳도 삼성 같은 재벌이고, 각 산업 분야의 협회들도 사실상 삼성, 현대차, SK 등 재벌들의 현금으로 운영된다. 연구용역은 학문의 영역이고, 사회사업은 좋은 일이다. 산업별 협회의 일을 돕는 것은 사회적으로는 중립적으로 보인다. 외피는 늘 그럴싸하다. 논리를 만드는 사람들은 전문가들이다. 교수, 변호사, 공무원들이고 공공기관의 연구원들이다. 이들을 반박할 권위를 가진 집단은 한국에 없다고 봐야 한다.

이들이 즐겨 쓰는 방법이 피해자, 사회적 약자들을 내세우는 것이다. 판이 불리하다 싶으면 본인들은 하고 싶으나, 정작 국회의 개혁입법안이 피해자들을 양산할 것이라고 겁을 준다. 중소기업 하도급법 개정안이 국회에 상정됐을 때도 마찬가지였다. 삼성은 대관업무팀을 동원해 도급을 주는 산하 중소기업주들에게 서명을 받았다. 건의문을 보여주고 사인을 하라고 했다. 건의문의 제목은 "하도급법 개정에 따른 중견기업계 피해 방지를 위한 건의문"이었다. 국회의원들이 눈치 채지 못하도록 건의문의 양식이나 내용은 조금씩 바꿔서 2~3장을 만들었다. 삼성에서 하청을 받아 납품해야 하는 중소기업주들이 이 건의문에 사인을 해주지 않을 방법은 없다. 며칠 만에 수백 개의 중소기업들의 건의문이 작성되어 국회로 들어가면 법안을 추진하는 국회의원들도 난감하다. 이때 적당한 시점에 저명한 교수가 법안의 부작용을 역설하며 언론에 칼럼을 기고하고, 삼성 같은 재벌 대기업의 광고가 최대 광고원인 한국의 언론들이 이를 크게 부각시킨다면 전반적인 여론 조성은 어렵지 않다.

협회나 진흥회, 공적으로 보이는 정부의 산하기관을 활용하는 것도 좋은 수다. 삼성이나 현대차가 직접 정부에게 건의하는 것보다는 반도체협회, 자동차협회, 전자나 정보통신산업진흥회 같은 곳에서 산업적 논리를 만들어 설득하면 대외적으로 명분도 서고, 특정 회사의 이익을 위해 기관이나 협회가 나선 것처럼 보이지도 않는다. 중립적으로 순수하게 국익 차원에서 일하는 것처럼 언론에 비춰지기 쉽다.

이를 위해 대기업들은 교수, 학자, 전문가를 꾸준히 '관리'한다. 학자나 지식인으로서 지식을 팔아먹는 느낌, 자신을 파는 느낌이 전혀 들지 않도록 최대한 체면을 세워주는 것이 중요하다. 삼성전자 대관업무팀 전 직원으로부터 받은 자료에는 삼성전자의 자문단 교수가 모두 7명이었다. 그동안 언론을 통해 재벌의 입장을 노골적으로 대변한 교수도 있었지만, 상당수는 학계에서도 인정받는 학자들이었다.

다만 이들의 공통점은 학자 이외에 하는 일, 즉 맡은 직책이 많았다는 것이다. 언론에서 노골적으로 재벌 편에 서온 삼성전자의 자문단 교수는 모 연구원의 원장도 했고, 신문사 객원 논설위원, 심지어 삼성 사외이사도 했다. 이 정도면 교수 연봉을 제외하고도 한 해 소득이 1~2억 원은 될 만하다.

공적기구인 ○○경제자문위원회 위원이자 중소기업학회장, 중소기업학회장이면서 동반성장위 적합업종 실무위원, 대통령 직속 ○○기획위원회 위원이자 동반성장위 위원이자 ○

○학회장, 경제신문에 글을 기고하면서 '보수' 시민단체 공동대표, 경제신문에 기고하면서 상생○○○회 회장, 경제신문 칼럼니스트이면서 동반성장위 위원이자 ○○총연합회 회장 등의 직책과 활동을 각각 해왔던 분들이었다. 한 교수 당 직책이 두세 개가 되고 직책들의 공적인 무게감도 컸다. 이 정도 급의 교수들은 언제나 선수로 나설 수 있는 장관 후보 상비군 같은 이들이다. 이들이 한국 언론에 등장하는 주요 논리를 만드는 생산자들이며, 삼성이 관리하는 '또 하나의 가족'이다.

이들이 삼성 등 재벌과 유착해 공익에 반하는 일을 하면서 자신의 사익을 챙겼다는 증거는 없다. 그들의 '상생' 관계는 드러났지만 그것이 불법은 아니다. 정부, 기업, 연구기관이나 대학이 협업을 통해 선순환의 한국 경제를 만들어가고 있는지도 모른다. 또는 악순환의 부조리를 잉태하고 있을 수 있다. 다만 그 부조리는 합법적이어서 쉽게 포착되지 않는다. 설사 누군가에 의해 그 공생의 관계가 드러난다고 하더라도 불법도 아닌데, 약간의 유착과 결탁을 통해 서로의 이익을 도모한다고 무에 그리 비난할 게 있는가. 부조리라고 해도 그건 '합법적 부조리'가 아닌가.

## 3

## 부동산 연구소는 대부분 당신 편이 아니다

설문에 도움주신 분들(가나다 순) 강민석 KB금융지주 경영연구소 부동산연구팀장, 강석태 GS건설 건축기획담당 상무, 강우상 SK건설 마케팅팀장, 권대중 명지대 부동산대학원 교수, 김규정 NH투자증권 부동산연구위원, 김덕례 주택산업연구원 주택정책실장, 김동수 한국주택협회 진흥실장, 김용진 한국감정원 인증단장, 김태섭 주택산업연구원 선임연구위원, 두성규 한국건설산업연구원 선임연구위원, 문영식 미래새한감정평가법인 감정평가사, 박덕배 금융의창 대표, 박상선 현대엔지니어링 홍보팀 차장, 박원갑 국민은행 WM스타자문단 수석위원, 백성준 한성대 부동산대학원장, 서종희 포스코건설 마케팅그룹 과장, 신상열 대우건설 주택마케팅팀장, 심교언 건국대 부동산학과 교수, 양지영 리얼투데이 콘텐

츠본부장, 오재순 동양건설산업 홍보팀장, 유선종 건국대 부동산학과 교수, 이상영 명지대학교 부동산학과 교수, 이창동 지지옥션 선임연구원, 장재현 리얼투데이 리서치팀장, 장혁 한화건설 홍보팀 차장, 조명래 단국대 도시지역계획학과 교수, 조은상 리얼투데이 콘텐츠본부팀장, 최상헌 대림산업 마케팅팀장, 최승섭 경실련 부동산감시팀장, 최현일 한국열린사이버대학교 교수, 함영진 부동산114 리서치센터장, 허윤경 건설산업연구원 연구위원, 현재명 롯데건설 주택기획팀 부장, 호명기 현대산업개발 홍보마케팅팀장, 익명 1명 등 총 35명

한 일간지에 실린 전문가 집단이다. 부동산 기사 말미에 35명이나 되는 전문가들을 나열해 놓은 이유는 우리가 얼마나 방대한 전문가 집단에게 조언을 받아 기사를 썼는지, 이 기사가 얼마나 중립적이고 객관적인지를 표현하기 수단이다. 그러나 35명을 뜯어보면 하나같이 업계 사람들이다. 건설회사 건축 담당 상무 1명, 마케팅팀장 4명, 홍보팀장 1명, 홍보팀 차장 2명, 주택기획팀 부장 1명 등 건설회사에 근무하는 임직원들이 35명 중 9명이다.

나머지는 겉보기에는 건설업계와 직접적인 연관이 없는 중립적으로 보이는 사람들이지만, 아니다. 따지고 보면 대부분이 한통속이다. '한국주택협회'는 1978년 대형 주택건설업체를 주축으로 설립된 주택건설사들의 협회다. 현 회장인 김

한기는 대림산업 본부장과 사장을 역임한 건설사 사장 출신이다. 협회가 하는 일은 무엇인가? 협회 회원사들의 이익을 도모하는 일이다. 사업가들이 이윤을 추구하는 것은 당연하다. 다만 이렇게 모여서 협회를 결성하면 이익단체로서 더 큰 영향력을 발휘할 수 있으니 그들에게는 더욱 좋다.

'주택산업연구원'은 건설사들이 모여 만든 이익단체인 한국주택협회와 또 다른 이익단체인 대한주택건설협회 그리고 대한주택보증 등이 공동 출자해 만든 주택 관련 연구기관이다. 임기가 2020년까지인 주택산업연구원 이사장 추병직은 경북 구미 출신으로 제8대 건설교통부 차관과 제13대 건설교통부 장관, 대한건설진흥회 회장을 지낸 관피아다.

문재인 정부가 출범한 2017년 5월 주택산업연구원이 연달아 발표한 보도자료에는 "새 정부의 주택정책 목표를 달성하기 위해서는 민간의 적극적인 참여가 필요"하다는 표현이 많다. 주택 공급을 민간이 많이 하겠다는 것이고, 이를 위해 "표준건축비의 합리적인 인상은 물가에 영향을 미치지 않는 10퍼센트가 적정하다"는 의견까지 덧붙였다. 지난 수년 동안 세계적인 저성장 여파로 한국의 물가상승률은 고작 2퍼센트 안팎이었는데 물가에 영향을 미치지 않는 10퍼센트라니, 말장난이 지나쳤다.

'한국건설산업연구원'도 건설산업 육성을 위해 만들어진 연구원이다. 1995년 초대 이사장이 무려 정주영, 그다음 이사장은 최원석이다. 2000년 이후 취임한 이사장들의 면면도 만만치 않다. 모두 건설회사 사장 등을 역임하고 협회장도 한 번씩은 거친 사람들이 건산연의 이사장으로 앉았다. 이곳의 원장들은 이건영, 최재덕, 이춘희 등을 비롯 건설교통부 차관 출신들이 많다. 건설사 회장급들과 건교부 고위관료 출신의 관피아들이 이사장과 원장을 나눠 먹는 자리라고 볼 수 있다. 한국건설산업연구원도 건설회사 등의 이익단체인 대한건설협회와 건설공제조합에서 출연한 연구기관이다.

위 전문가 집단에 이름을 올린 사람들 중 한국 언론에 자주 등장하는 은행과 증권사의 부동산 관련 연구소의 자칭 전문가들이나 부동산 정보업체 관계자들의 이해관계는 굳이 설명할 필요가 없을 듯 싶다. 이들은 한국 언론이 원하는 대로 말해주는 사람들이다. 그런데 대개의 한국 언론이 말해달라는 내용은 비슷하다.

    부동산 경기가 어렵다.
    과도한 규제는 시장에 해롭다.
    수요보다 공급을 우선하는 정책이 좋다.
    부동산 경기가 활성화돼야 경기가 살아난다.
    아파트 값이 정부대책으로 올랐다, 내렸다.

이런 말은 누구나 할 수 있다. 이들이 부동산 정보업의 연구위원으로 있기 전에 무슨 일을 했는지 검증해 본 언론은 거의 없다. 부동산업계는 교수들이라고 다르지 않다. 한국의 부동산학과 교수들은 매우 소수이고(부동산학과가 개설된 대학이 많지 않다), 이들 대부분은 업계에 종속되어 있다. 업황과 자신들이 교수로 있는 학과의 신입생 숫자가 비슷하게 움직인다. 업계 이익을 대변하지 않을 이유가 없다. 결국 위 명단 35명 중에서 국민의 50퍼센트에 육박하는 무주택자를 대변할 사람은 내가 보기에는 두세 명 남짓에 불과하다. 유주택자 50퍼센트 중 1가구 1주택 소유자라도 집값이 안정되기를 바라는 사람까지 포함한다면 여기 나와 있는 부동산 자문단은 국민 다수의 이익과는 반하는 이해관계를 내재한 사람들이라고 말할 수 있다.

# **4**

## 정부는 왜 예산 집행을 외주화시켰을까

정부 예산이 400조 원이 넘는다고 하지만 정부 공무원들은 대부분 이를 직접 집행하지 않는다. 집행하는 곳은 각 부처에 있는 산하 공공기관들이다. 그렇다고 산하 공공기관의 직원이 정부 예산의 용처를 결정한다는 말은 아니다. 정부의 중요한 사업이 있으면 산하 공공기관들은 위원회를 소집한다. 위원회는 교수 등 전문가 집단으로 구성되어 있다. 외견상 중립적으로 보인다. 이 위원회에서 정부 예산을 결정하면 형식상 뒤탈이 없다. 서류 정리도 깔끔해진다.

만약 '최순실 게이트'가 터지지 않았다면 박근혜 전 대통령의 비공식적 성형시술 주치의였던 김영재 원장이 산업통상자원부의 R&D 예산 15억 원을 수령한 사실을 아무도 알지 못했을 것이다. 김 원장이 국가 예산 15억 원을 탄 용도는 '인체조직 고정을 증대시키는 봉합사 소재'였다. 쉽게 말하면 성형 리프팅 시술할 때 쓰는 실을 최첨단으로 개발해 보겠다는 말이다.

15억 원을 김영재 원장에게 주기 위해 안종범 당시 청와대 수석이 나섰고, 청와대에 파견된 산업통상비서관이 주선하면서 산업통상자원부가 동원됐고, 해당 공공기관인 한국산업기술평가관리원까지 연락이 갔다. 이 가운데 안종범을 제외하고는 처벌받지 않았다. 다들 윗사람이 하라는 대로 했고, 서류 작업은 깔끔하게 처리되었기 때문이다. 한국산업기술평가관리원의 일처리를 도맡아 처리한 프로젝트 디렉터(Project Director)는 오히려 승진해서 한 산업 분야를 총괄하는 마스터 디렉터(Master Director)가 되었다.

이 평가 위원회에 참여해 성형 리프팅 시술을 위한 실 개발 사업을 승인해 준 교수들, 산업계 관계자들은 그렇다면 책임을 졌는가? 아니다. 그들은 국가예산이 집행되어지는 과정에서 외견상 모든 것이 공정하고 중립적으로 보이게 하는 '액세서리' 역할에 충실했을 뿐이다. 예전부터 지금까지 그래왔던 것처럼.

한국 정부는 예산 집행뿐만 아니라 안전관리도 민영화해 왔다. 그 결과는 세월호 참사에서도 극명하게 드러났다. 정부가 선박 운항의 안전을 점검하는 일을 한국해운조합에 맡겼다. 그런데 한국해운조합은 선주 회사들의 회비로 운영하는 단체로, 선주 회사들의 이해를 대변하는 곳이다. 그런 곳에서 안전점검을 했으니 애당초 제대로 점검이 이뤄졌을리 만무했다. 그러나 한국해운조합에게 세월호 참사의 책임을 물었는가? 아니면 이익단체인 한국해운조합에게 안전관리 책임을 맡기자고 한 실·국장이라도 찾아내서 그들에게 책임을 물었는가? 외주화는 누구도 책임지지 않는 시스템을 창출한다. 공무원들이나 공공기관 직원들, 협회나 조합 같은 이익단체들에게는 편안한 제도다.

## **5**

## 강남 재건축 조합장들은 어떤 사람일까

강남 지역 재건축 아파트 단지 1,000세대면 대략 1조 원 정도다. 이걸 부수고 새로 짓는 과정에서 오고 가는 돈은 보통 수십억 원에서 수백억 원대다. 재건축 조합을 설립하고, 사업시행인가를 받고, 관리처분계획을 승인 받기까지 보통 5년, 조합원들 이주시키고 옛 주택들을 헐고 새 아파트를 지어 입주하는 데도 보통 5년 정도 걸린다. 모두 10년의 기간이다. 큰 사업이다. 인맥도 많이 필요하다. 구청, 서울시, 경찰 등 협의하고 협조를 구해야 할 곳도 많다. 쉬쉬하지만 강남 지역 재건축 조합장들은 구청장이나 경찰서장 출신들이 맡는다. 인허가 과정에서 속도를 낼 수도 있으리라는 계산에서다.

한 재건축 조합의 조합장과 이사들의 경력을 보자. 조합장은 해당 구의회 의원이었다. 2선을 했고, 의회 운영위원장까지 역임했다. 총무이사는 해당 동의 재향군인회 회장이었고, 주거 관련 연구원의 정책자문위원이다. 관리이사는 해당 동의 주민자치위원회 위원장을 역임했고 구에서 추진하는 한 업무단지 조성 추진위원이다. 이사 A는 해당구의 안경사협회 감사였고, 이사 B는 전매청에 30년 근무한 공무원 출신에 재건국민운동부녀회 간사였다. 이사 C는 경찰서 형사팀장, 파출소장을 하다가 대통령 경호실에 근무했다. 이사 D는 중견기업 관리부장 출신, 감사는 건설사 자금회계부장을 역임했다. 조합원들이 이 사람들을 왜 조합장과 이사로 뽑았는지, 이들 재건축 조합 임원들이 어떻게 일을 할지는 한국인이면 대개 합리적 추정이 가능하다.

강남 지역 아파트 단지에서는 상속세 절세 강좌도 가끔 열린다. 아파트 단지 안 커뮤니티 시설로 초빙된 세무사는 강좌를 찾은 주민들의 관심사를 정확히 꿰뚫고 있다. 이들의 관심은 딱 하나, 어떻게 하면 세금을 적게 내고 재산을 물려주거나 물려 받을 것인가이다. 비서를 시켜 그림을 몇 점씩 자식 집에 들여와 수억 원 가치의 뭉칫돈을 넘겨주는 방법도 있고, 5만 원권 현금으로 증여를 하는 방법도 있다. 이같은 방법들은 세무조사를 당하지 않는 이상 쉽게 증여세 탈루가 포착되지 않는다. 건물이나 아파트를 자식에게 넘겨주기 전에 미리 건물을 담보로 거액의 대출을 받아놓고, 그 대출금을 조금씩 부모가 대신 갚아주는 부담부 증여負擔附 贈與를 활용한 편법 탈세 수법도 공공연히 거론된다.

정보를 좀 더 많이 공유하고 싶은 사람들은 지역별로 온라인 카페에 결집한다. 강남, 서초 지역은 이런 온라인 카페가 특별히 활성화되어 있다. 이들은 기본적으로 '구조'를 보려고 한다. 한국의 인구 추이뿐만 아니라 각 구별 인구 추이를 들여다보고, 해당 지역에 앞으로 일정기간 동안 아파트가 얼마나 공급될 지를 가늠하려 한다. 미국 금리 동향도 꿰뚫고 있다. 통화량과 아파트 가격의 함수관계를 규명해보려고 노력하는 사람도 있다. 대출규제정책에 따른 아파트 투자수요와 실거주용 수요를 구분해서 정부의 대출규제책이 부동산 시장에 어느 정도 영향을 미칠 수 있을까를 토론한다. 아파트값의 단기적 등락보다는 중·장기적 향배에 관심이 많다. 이들은 온라인 카페를 통해 여론을 조성하고, 청와대에 민원을 넣는 등 집단행동을 독려하기도 한다. 부동산 부자들의 기득권, 이익을 지키기 위해 구체적인 행동도 서슴지 않는 것이다.

고강도 부동산 대책이 계속되면서 문재인 정부를 공격하는 기사가 여기저기서 올라온다. "'사는 집 아니면 파시라'더니……청와대 고위직 8명이 다주택"이라는 제목의 〈조선일보〉 기사나 윤증현 전 기획재정부 장관을 인터뷰해서 문재인 정부의 부동산 정책을 공격한 〈한국경제신문〉의 "윤증현 전 기획재정부 장관 '고소득자―대기업만 증세하는 건 국민 편가르기'"

같은 글에는 수많은 공감의 댓글들이 달리고 갈채가 쏟아졌다. 이들은 문재인 정부가 고소득자를 타깃으로 서민 포퓰리즘을 조장하고 있다고 성토하면서 "한국 근로자 절반이 세금 한 푼 안내는 문제를 바로잡아야"라고 말한 윤 전 장관의 말에 적극 동조했다. 이 지역 온라인 카페 회원 상당수는 한국은 고소득자, 대기업의 피를 빨아먹는 나라라는 의견에 동의하는 듯하다.

이들의 싸움을 촉발시키는 주제는 단 하나다. '여기는 얼마인데, 저기가 얼마라는 게 말이 되나요'라는 투의 댓글이 나오면 '반포가 언제부터 1등이었나, 청담동이 더 부자동네다, 압구정동이 더 비싸다'면서 다투기 시작한다. 그러면서 '리얼 강남' 논쟁을 벌인다. 압구정동, 삼성동, 청담동을 합쳐 '압삼정'이라고 부르면서 압삼정이야말로 진정한 전통적 부촌이라고 주장한다. 반포나 잠원은 이제 막 뜬 중산층 지역이라고 공격하기도 한다. 반포 30평대가 18억 원이면 청담동 한강 보이는 재건축은 당연히 25억 원은 갈 것이라고 기대하기도 한다. 이렇게 말하는 사람들에게 집값은 자신들 인생 트로피와 같다. 아이들이 받는 성적표와 같다. 집값을 가지고 1등을 따진다. 집값을 통해 삶의 자부심을 느끼는 것이다.

이런 카페를 곰곰이 들여다보면 아파트 가격에 집착하는 한국 사회의 '부동산 중심 패러다임'은 여전히 진행형이라는 것을 확인할 수 있다. 이런 부동산 중심의 사고방식, 부동산 투자에 대한 절대적 믿음은 다주택 투기 세력뿐만 아니라 1가구 1주택자들 사이에서도 광범위하게 퍼져 있는, 보편적 인식이라는 것도 부인하기 힘들다. 정부의 부동산 대책이 나오면 국민들 상당수가 반발하고 수구 야당이나 신문들은 이를 이용해 정부를 공격하는 패턴이 앞으로도 이어질 것이라는 예측은 자연스럽다. 문재인 정부는 끼어 있다. 그게 꼭 부동산 관련 정책만은 아니지만, 부동산은 욕망이 버무려진 세대별 이념별 각축장이다.

과거처럼 꾸준히 아파트값이 오르길 원하는 '기축세력'은 아파트값의 버블만큼 더 거대해졌다. 거기에는 단순히 집을 가진 유권자들이나 다주택자들뿐만 아니라 엄청난 면적의 땅을 보유한 재벌, 사학, 종교단체들까지 포함된다. 이들의 이익과 늘 긴밀히 협조하고 있는 〈조선일보〉와 같은 수구 신문들이나 광고팔이 경제신문들은 든든한 공범자들이자 조력자들이다. 다양한 논리를 통해 국민들을 현혹시킬 수 있는 전문가들과 교수들도 그 약력과 이력을 따지다 보면, 그들이 어디서 연구용역을 받고 건설협회나 건설사들과 어떤 관계를 맺어왔는지를 이해하다보면, 결코 중립적이지 않다는 것을 깨닫게 된다. 경제부처 고위관료들도 믿을 수 없기는 마찬가지다. 나는 지금까지 서울의 금천구나 구로구에 사는 경제부처 고위 관료들을 만나본 적이 없다.

4장

# 이익 동맹체

# 1

## 권위주의 시대 가치관 그대로인 언론

어느 나라 언론의 보도든지 그 나라 특유의 가치관이 배어 있다. 각 나라 특유의 역사성 때문이다. 살아온 궤적이 다른데 어떻게 가치관이 같을 수 있겠는가? 미국에서는 개인주의가 당연하고 보편적인 가치관이지만, 한국에서는(지금은 많이 옅어지고 있지만) 가부장적 대가족주의가 당연하고 보편적이다. 해마다 한국 TV들이 추석이나 설 명절에 기나긴 귀성이나 귀경 행렬을 보여주며 판교 톨게이트 앞에서 리포트하는 것도 가부장적 대가족주의라는 전통적 가치관에 충실히 복무하고 있는 것이다. 지금은 그런 리포트가 나오지 않지만 10년 전만 하더라도 추석이나 설 명절에 해외여행을 떠나는 여행객들을 지상파 뉴스들이 비판적으로 보도했다. '조상님 안 모시고, 감히 어디

여행을……'이라는 생각이 담겨져 있다.

  25년 전쯤 서울에 큰 눈이 내린 적이 있다. 당시 KBS 아침 뉴스에 따르면 서울시는 밤새 눈을 치웠지만 폭설이 그치지 않아 제설작업이 미진하다고 말했다. 시민들은 자가용 차량 운행을 자제하고 대중교통을 이용하라는 일종의 계몽 보도가 이어졌다. 여기까지는 지금도 고개를 끄덕거리며 '그래야지'라고 생각할 사람들이 적지 않다. 그런데 그다음 말이 걸작이었다. 자가용 차량 운행 자제는 물론이고 개인택시 운전사들까지도 택시 운행을 자제하라고 다그치듯 보도하고 있었기 때문이다. TV 화면 영상으로 봐서는 눈도 어느 정도 치워진 상황이었고 대중교통인 버스도 비교적 원활하게 다니고 있었다. 그런데도 개인택시 운행을 오늘 하루는 '국민을 위해' 중단하라고 말한 것이다. 지금으로서는 상상하기 힘든 풍경이다. 그것은 개인택시 운전사들의 영업권에 속하는 것이지 언론이 판단할 일이 아니다.

  언론보도에 드러난 가치관은 시대의 가치관이다. 독재정권 때는 독재의 마인드가 권위주의 정권 때는 권위주의적 요소가 단어·문장·글 전체에 녹아있을 수밖에 없다. 지금의 한국 언론 보도에도 그때 그 시절의 가치관이 온전히 명맥을 유지하고 있다.

   '기업이 살아야 나라가 산다.'

'삼성이 이만큼 성공한 것도 이건희 덕분이다.'
'한국 기업은 확실한 오너가 있어야 제대로 경영할 수 있다.'
'현대차 노동자들은 돈을 너무 많이 받는다.'
'부동산 시장이 활황이어야 전체 경제에도 좋다.'
'한국 외교는 무조건 미국을 따라야 한다.'
'원활한 대중교통을 위해 집회나 시위는 자제되어야 한다.'
'적폐청산만 하려는 민주당이 불안하다.'
'서울 법대를 졸업하고 사법부 내 엘리트 코스를 거친 우수한……'
'진보라면서 알고 보니 부자네.'
'정부가 시장에 개입하는 것은 부당하다.'
'정부는 부동산시장 활성화시키기 위해 대출규제 완화.'
'종편은 순수하게 방송산업을 진흥할 목적으로 설립·승인된 것이다.'
'노동시장을 보호하려는 정부 정책은 순수하지 않은 정치적 목적이 있다.'
'순수한 시장경제만 살 길이다.'

많은 사람들은 이런 가치관이 옳다고 믿을 테고, 또 다른 많은 사람들은 고개를 흔들며 이런 가치관들에는 수많은 편견이 내재되었다고 반박할 것이다. 한국인들의 가치관은 다양해졌지만 언론은 과거 권위주의적 시대의 가치관 그대로다. 문제는 한국 언론은 그게 한국인 다수의 생각이라 여전히 믿고 있다는 사실이다. 한국인 다수가 그렇게 믿는다면 그 가치관은 옳은 것이라고 착각한다. 19세기 말까지도 미국인 대다수는 이렇게 생각했다.

'여자에게 투표권을 줄 이유가 있는가. 어차피 남편 뜻에 따라 똑같이 찍을 것인데.'
'흑인에게 인권이란 게 있을까. 그것은 일종의 자산이지 않은가.'

## 2

### 한국처럼 임의로 광고·홍보비를 집행하는 나라는 없다

"나중에는 사무실도 없었어요. 방값이 싸니까 주로 강원도 모텔 같은 데 있으면서, 누가 전화로 연락 와서 촌지 줄 것 같고, 밥 사 준다고 만나자고 하면 서울로 올라가곤 했죠. 월급도 거의 받지 못했어요."

2년 전, 내가 만난 한 극우 인터넷 매체 기자는 자신의 생활을 이렇게 묘사했다. 서울에 사무실을 구할 돈이 없어서 강원도 모텔에서 기거했다는 말이다. 실제 이 매체 홈페이지에 게시된 서울 외곽의 사무실로 찾아가보니 주소는 맞았지만, 그곳에 인터넷 언론사가 있었던 흔적은 찾을 수 없었다. 동네 슈퍼 2층의 사무실 문은 굳게 닫혀 있었는데, 슈퍼 주인은 "그곳은 수년 간 세가 나가지 않았던 곳"이라고 말했다. 이들은 인터넷 언론사라는 것을 차려놓고 사무실 비용을 아끼고 숙박도 겸할 요량으로 강원도 모텔에 기거하면서, 박근혜 정부의 공격 대상을 괴롭히거나 물어뜯는 기사를 주로 써왔었다. 이렇게 상호를 변경해가면서, 유령 사무실을 두고 폐간과 창간을 반복하는 자질구레한 업체들까지 포함해 '언론사'라고 한다면 한국에는 언론사가 2,000개쯤 된다. 청와대나 정부 부처에 출입 등록을 한 언론사들만 따져도 100개가 넘는다. 박근혜 때 융성한 극우 인터넷 매체들도 여전히 청와대에 출입하고 있다. 이명박이 공영방송을 장악하면서 우군을 확장시키기 위해 허가권을 내준 급조된 TV조선 등 종편들은 이제 기성매체로 당당히 자리매김했다.

그러나 한국의 99퍼센트 언론사들은 정부나 기업의 홍보비가 없다면 결코 안정적인 수익을 창출을 할 수 없는 구조에 놓여 있다. 신문사의 수입 구조에서 신문 구독료가 차지하는 비중은 절반에도 미치지 못한다. 시청률을 칼같이 재며 자본주의 방식 그대로 홍보비를 책정하는 기업들은 없다. 광고·홍보비 집행 방법은 여전히 고루하다. 과거에 조·중·동에게 얼마를 줬고, 〈한겨레〉〈경향신문〉 등에 얼마를 줬다면 그 비율대로 하는 게 공평한 일처리로 보인다. 신문 구독률은 전반적으로 낮아지고, 대부분의 소비자들은 PC나 휴대폰을 통해 뉴스를 취득하지만 정부나 기업, 언론사들은 이에 크게 개의치 않는 눈치다.

만약 미국의 광고 에이전시들처럼 정교하게 광고 효과 등을 계산해서 광고·홍보비가 집행된다면 한국의 대부분 신문사들은 문을 닫아야 한다. 한국의 신문들이 금과옥조처럼 떠드는 시장의 원리로만 본다면 신문이나 지상파 TV보다는 JTBC 같은 종편이나 tvN 같은 인기 케이블채널, 온라인 광고에 지금보다 훨씬 더 많은 광고·홍보비가 집행돼야 한다. 광고주들이 가장 눈여겨보는 매체들은 2040세대들이 즐겨 찾는 곳들이지, 구매력이 떨어지고 유행에 민감하지 않은 지방에 거주하는 60대 이상 계층들이 주로 보는 채널이나 신문이 아니기 때문이다.

기업은 이윤 창출이 목적이다. 때문에 언론사들과의 유착을 통해서 자신들에게 유리한 홍보성 기사가 나가고, 제품의 판매에 악영향을 미칠 기사를 누락시키거나 축소시킬 수 있다면 홍보비 집행에 있어 나름의 합리적 계산법을 작동하고 있는 것으로 봐줄 수도 있다.

그러나 정부나 공공기관, 공기업들이 이를 크게 개의치 않는 것은 불합리하다. 국토교통부의 법정 산하기관들이 집행하는 돈만 평균 200억 원대다. 정부 부처마다 크기가 달라 정확히 계산하기는 힘들지만 현재 정부 부처가 20개 정도이고, 그 아래 산하기관들이 보통 수십 개씩 산재한다. 산하기관 밑에도 해당 부처 또는 해당 산하기관들이 영향력을 미치는 작은 연구소, 공단, 재단, 각종 법인들까지 합하면 최소 수천 개 이상의 공공기관들이 수천억 원의 홍보비를 매년 뿌린다고 봐야 한다. 자본주의가 발달한 나라들 가운데 한국처럼 임의로 광고·홍보비를 집행하는 나라는 찾기 힘들다. 자본주의적으로 정리해야 하고 시장의 원리대로 해야 한다.

그러나 정부가 이렇게 하기는 매우 힘들 것이다. 당장 그렇게 한다면 타격을 받을 곳은 군소 신문사들이다. 정부의 정책에도 불구하고 마지막까지 버티며 생존할 수 있는 곳, 그래서 자본주의 약육강식의 최후 승자가 되어 번영할 수 있는 곳은 조·중·동처럼 과거 독재 권위주의 정권 때부터 정치권력이나 재벌 등과 유착해 막대한 부를 축적한 '구매체'들이기 때문이다. 그래서 기자들이 상시적으로 동원돼서 발주처와 교묘하게 협상하거나, 읍소해서 정부나 공공기관의 광고를 따내는 관행도 근절시키지 못하는 것이다.

이런 구조는 모두에게 해롭다. 참으로 진부하다. 시장경제와도 무관하다. 갈수록 급감하는 공산당 기관지의 독자수를 채워주기 위해 중국 공산당이 정부의 각종 산하기관과 공기업들에게 할당량을 배정하는 것과 우리의 방식이 뭐가 크게 다른가? 한국의 이런 관행이 지속될수록 도리어 독자나 시청자들의 구매체에 대한 매력, 주목도는 떨어질 것이다. 국민 세금으로 공돈을 받을 수 있는 회사가 혁신을 할 리는 만무한 것이고, 한국 언론이 늘 하던 말대로 정부가 인위적으로 시장에 개입하는 데에도 한계가 있기 때문이다. 그러나 정부가 이 관행을 없애자고 하면 한국의 언론이 뭐라고 할지는 자명하다.

'정부가 언론의 존립 기반을 해치고, 언론자유를 위협하고 있다.'

### 3

## '우리도 삼성이 만들었으니까 래미안이야'

"너 말대로 그렇게 비싸게 한 달에 수천만 원씩 월세를 주고나면, 수익이 거의 남지 않을 텐데 왜 굳이 이런 비싼 강남 신사동 가로수길 같은 곳에 대기업 재벌들이 '안테나샵' 매장을 내는 거냐? 대기업이면 여기서 이렇게 비싼 월세 안 내고도 자신들 매장에서 잘 팔 수 있을 것 같은데……."

"형, 광고 효과를 생각해 보세요. 여기 지나다니는 사람들이 하루에 몇 명이나 될 것 같아요. 하루에 10만 명만 잡아도, 한 달이면 연인원 300만 명이에요. 지상파 TV 광고 15초짜리를 만들어 1년 365일 돌리려면 얼마나 광고비가 많이 나가겠어요. 지상파 TV 광고를 내는 효과가 한 달이면 생기는 거잖아요. 게다가 여기는 매장이니까 직접 소비자들에게 팔 수도 있고요. 핫한 플레이스에 있으면 이미지도 더 핫해지고. 매장 수익만 보는 게 아니라 광고·홍보 효과도 크다고 생각하는 거예요. 광고 효과까지 감안한다면 비싼 임대료 때문에 여기서 조금 밑져도 다른 곳에서 남기면 된다는 계산인 거죠."

뉴스타파에 있을 때, 빌딩, 상가 관련 취재를 하다가 만난 빌딩 중개업을 하는 고등학교 후배의 설명이 그럴듯했다. 그러고 보니 거리의 입간판들도 엄청난 광고 시장이었다. 강남 한복판이라는 상징성, 매일 수만 명이 돌아다니는 거리, 그 거리의 한복판에 크게 자리 잡은 매장, 그 매장에서 반짝거리며 소비자를 유혹하는 상품들. 그것이 가질 상징성과 광고 효과 때문에 임대료가 아무리 비싸도 대기업들이 강남이나 홍대 등에 자리를 잡으려고 한다. 그렇게 돈으로 승부하는 대기업들 때문에 기존 상권을 부흥시켜온 상인들은 주변부로 밀려나고, 밀려나는 과정에서 월세는 더욱 높아진다. 그게 빌딩 중개업자의 시선에서 바라보는 젠트리피케이션(gentrification)이다.

후배의 이야기를 듣고 집으로 오는 길, 스쳐지나가는 거리의 입간판이 더욱 눈에 크게 들어왔다. 광고, 광고, 광고들이다. 그런데 내 집도, 당신의 아파트도 광고였다. 자이, 래미안, e편한세상, 힐스테이트, 더샵. 그 앞에 반포, 서초, 잠실만 붙이면 사람들은 그걸로 지역의 위치를 인식하게 되었다.

영국도 미국도 일본도 이렇지는 않다. 개인들이 사는 주택

자체가 광고가 되는 경우는 찾아보기 힘들다. 수백에서 수천 세대의 공동주택을 지어놓고 여기는 래미안, 여기는 자이라고 하면서 우열반을 나누듯, 학급 등수를 정하듯 경쟁하며 살지 않는다. 자신의 집이 대기업의 브랜드 이름이 되기를 학수고대하지 않는다.

자신의 집이 대기업의 광고판이 되는, 대기업의 광고판을 명품 핸드백처럼 아파트 건물 외벽에 칠하기 위해 아등바등하는 나라가 지구상에 또 있을까? 래미안이라는 브랜드가 나오기 전에 만든 아파트라도 '우리는 삼성이 만들었으니까 래미안이야'라고 주민들이 돈을 모아 건물 외벽에 페인트칠을 하는 나라가 과연 한국 말고 존재할까? 그저 내가 사는 동네인데 말이다.

# 4

## 총기 규제와
## 금 모으기 운동

2017년 10월 미국 네바다주 라스베가스 콘서트장에서 기관총을 난사해 수십 명을 죽이고, 수백 명을 다치게 한 스트븐 패덕은 전직 회계사 출신이었다. 경제적으로도 꽤 여유 있는 은퇴한 60대였다. 그가 왜 그런 일을 벌였는지는 그가 죽었으니 정확히 알 수 없다. 미국 CNN은 이 대량살육(massacre)이 발생하자 사건 현장의 목격자들을 인터뷰하고, 병원에 누워있는 부상자들과 화상통화를 했다. 경찰의 발표를 보여주는 등 미국 사회의 충격을 전하면서, 아울러 병원에 길게 늘어선 행렬을 보여줬다. 그것은 총상으로 인한 과다출혈로 수술이 필요한 부상자들에게 헌혈을 하겠다고 모여든 자발적 시민들의 아름다운 행렬이었다.

아름다운 모습이라고 생각하는 순간 내 머릿속에는 또 다른 긴 행렬이 떠올랐다. 국가가 방조한 대규모의 회계 부정으로 인해 국내 최대 기업들이 망하고, 그 기업들에게 돈을 빌려준 대형 은행들이 도산 위기에 처하고, 국가도 외환보유고마저 바닥나서 국제통화기금 IMF에 항복을 선언하면서 긴급하게 외환을 빌려 온 1997년 외환위기 사태. 이로써 국가 경제정책의 주도권을 한동안 외국인들에게 넘겨줘야 했다. 그 환란의 와중에 KBS가 주창해서 벼락같은 성공을 거둔 전국적 '금 모으기 운동'의 긴 행렬이 내 눈 앞에 선명하게 교차해 지나갔다. 저 대량살육 사건에도 불구하고 미국인들은 오래된 과거의 믿음을 버리지 못할 것이다.

"If you outlaw the guns, only the outlaws will have the guns."

"총기를 규제하면 오직 범법자들만 총기를 갖게 될 것"이기 때문에, 각자의 자위권을 위해서라도 총기 허용은 필요하다는 '서부시대 총잡이' 같은 논리에 미국은 또 갑론을박 논쟁을 벌이다가 완전한 총기 규제에는 실패할 것이 분명하다. 해마다 정치권에 막대한 로비자금을 갖다 바치는 총기 회사들은 이번에도 살아 남을 것이 확실하다. 많은 미국인들은 총을 지니고도 안도하지 못하고 살아갈 것이다. 그렇게 되어버린 구조를 바꾸지 못하는 세상은 또 잠깐의 능수능란한 언변에, 대중들이 보지 못하는 이면에서 벌어지는 정치에 목줄을 매인 강아지처럼 따라다닐 것이다.

    1997년 외환위기 이후, 전 국민이 나서서 금 모으기를 한 결과는 무엇이었는가? 대다수 국민을 위한 경제체제였는가? 아니면 이대로 가면 다 죽으니 절반 정도는 늘, 항구적으로 비정규직이 되어야 한다는 무한 반복의 악순환이었는가? 1997년 외환위기 전과 후, 한국인의 본질적 삶의 방향을 바꿔버린 것은 당시는 참으로는 아름답게 보였던 전 국민적인 금 모으기 운동이었는가, 아니면 국회에서 날치기로 통과된 비정규직 노동법안이었는가? 우리는 무엇에 환희하고 무엇에 분노해야 하는가? 당신의 삶을 축복되게 하는 세상의 아름다움이란 과연 무엇인가? 그들이 만든 세상의 위선을 꿰뚫어 보는 일은 추하다.

## 5

## 왜 문재인은 전두환에게
## 상 받았다는 것을 말해야 했을까

1997년 대통령 선거 때였다. 〈한국논단〉 주최로 김대중 후보가 '빨갱이'인지 아닌지를 검증하는 토론회를 열었다. KBS를 비롯한 지상파 TV 3사가 이를 생중계했다. 사실상 김대중 후보의 사상을 검증하는 자리였다. "나는 당신이 빨갱이가 맞다고 보는데 당신이 빨갱이가 아니라면 스스로 빨갱이가 아님을 증명해봐"라는 말을 되풀이해 물어보는 자리였다. 〈조선일보〉 출신인 〈한국논단〉 발행인 이도형은 이 자리에서 심지어 김대중 후보에게 "이것으로 사상검증을 받았다고 생각하면 곤란하다"고 말하기까지 했다. 중앙정보부 취조실에 김대중을 앉혀 놓고 수사관이 말하는 것 같았다.

노무현 전 대통령은 2005년 '부동산 투기 억제를 위한 보유세 강화'를 명분으로 종합부동산세를 도입했다가 조·중·동의 '세금폭탄'론에 융단폭격을 당했다. 행정수도를 이전하려 하자 헌법재판소는 조선의 《경국대전》까지 들먹이며 서울은 관습적으로 한국의 수도로 인식되어 왔으니, 이를 이전하려면 헌법 개정이나 국민투표를 해야 한다고 결정했다. 노무현이 조·중·동, 검찰, 재벌, 사학, 건물주와 같은 불로소득자 등 한국 사회의 기득권 세력에게 빨갱이로 찍혀 정치적으로 큰 타격을 입은 것은 이제 누구나 인정하는 사실이다.

김대중으로부터는 20년, 노무현으로부터는 10년이 흘렀지만 빨갱이로 찍혀서는 안 된다는 공포는 여전하다. 2017년 3월, 문재인 후보는 KBS 대선 토론회에서 자신은 특전사에서 전두환에게 표창까지 받았다는 사실을 스스로 말했다. '홍준표 후보가 안보, 안보하는데 나야말로 안보'라고 말하고 싶었던 모양이다. 문 후보가 속으로 그렇게 느낀 이유는 두 전직 대통령들이 당한 경험에 연유한다. 강박이다. 한국 역사가 안겨 준 편견이다. 기득권은 이 강박과 편견이 모두에게 들어찬 상황을 즐기는 것이다.

반면 기득권과 싸우는 자들은 스스로의 강박과 편견에도 불구하고 그 강박과 편견을 눌러야 한다. 개혁은 물리적으로도, 정신적으로도 어렵다. 늘 한 판은 지고 시작하는 게임이기 때문이다.

## **6**

**"이 정도면 우리는 동지라고 불러야지.
우리는 동지야!"**

2016년 12월 24일이었다. 박근혜 탄핵 반대 집회, 이른바 '태극기 집회'에 참여하려는 노인들로 서울 지하철 1호선 안은 가득 찼다. 할아버지들은 지하철 안에서도 큰 목소리로 떠들었다. 마치 노인이 아닌 모든 젊은 것들은 자신의 말을 듣고 깨우쳐야 한다는 듯 목소리 높여 말했다. 빨갱이들이 판치는 세상을 비난하는 말들이었다. 태극기를 들고 할아버지들을 마지못해 따라나선 것으로만 보였던 할머니들도 한 마디씩 거들었다. 한 할머니는 지하철에서 크게 목청을 높인 할아버지에게 이렇게 말했다.

"이 정도면 우리는 동지라고 불러야지. 우리는 동지야!"

동지. 서로 뜻이 같은 사람들. 그들이 거리로 뛰쳐나오게 한 것은 단지 누군가 건네주는 2만 원 용돈이 아닌 '동지의식'과 나라를 지킨다는 '자긍심'이었을 것이다. 그들의 머리 속에는 1970년대 한국방송공사 〈KBS 연감〉에 자랑스럽게 나오는 한 구절이, 이를 테면 '민족의 역사적 위업인 10월 유신' '새마을 정신을 바탕으로 한 새로운 국민생활의 선도자' 같은 말들이, 오래 전 찍은 사진처럼 흐릿한 이미지로 남아 있을 것이다. 김인규가 전두환의 제5공화국 출범 1년을 방송을 통해 찬양했던 영상과 문구들, 즉 '제5공화국 출범 1년은 그 이전의 어지러움과 어두움과는 정반대의 안정과 밝음으로 완전히 바꿔놓은 것' '전두환 대통령도 지난 한 해는 우리 국민의 위대성을 재발견한 한해였다고 선언' 같은 내용들이 마음에 칸칸이 박혀 이념으로 정립되어 있었을 게다.

이들에게 2016년 겨울의 촛불혁명처럼 '부조리한' 일은 없었던 것이다. 그들의 마음속에는 버르장머리 없는 젊은 것들이 '빨갱이'같은 정치인들과 합작해서 대통령을 잡아먹고 나라를 망치고 있다는 분노와 한, 원망이 서려 있었다. 이 노인들 대부분은 문재인 대통령을 빨갱이로 생각하고 있었을 게 분명하다. 이들의 무지함에 측은지심이 밀려드는 것은 어쩔 수 없다. 평생 북한의 김일성 부자에게 기만당하고 세뇌되어 왔지만 그것을 모르고 있는 북한 주민들과 크게 다를 바 없다.

그러나 "저는 문재인 후보도 공산주의자이고, 이 사람이 대통령이 되면 대한민국이 적화되는 것은 그야말로 시간 문제다라고 저는 확신을 하고 있다"는 고영주가 얼마 전까지 MBC 방송문화진흥회 이사장이었다. 고영주처럼 문재인은 "김정은을 옹호하는 좌파"라고 대선기간 부르짖었던 홍준표는 자유한국당의 대표다. 자유한국당의 의석은 현재 116석이지만, 11석의 바른정당이 어떤 선택을 하느냐에 따라 자유한국당은 127석이 될 수도 있다. 121석인 집권여당을 넘어 원내 1당이 될 수 있다는 말이다.

앞으로도 재벌, 부동산 불로소득자들, 검사나 판사들, 숨죽이고 있는 관료들, 조·중·동, 노인, '조선의 노론'같은 경북 지역 사람들의 지지성향이 크게 바뀔 가능성은 없다. 이른바 '어버이연합'스러운 생각을 가진 이들이 또 다시 우리 사회의 중추 권력이 되어 나라를 좌지우지할 가능성이 여전히 높다는 뜻이다. 2016년 겨울 촛불혁명의 열기가 아무리 높았다고 하더라도 당시 새누리당 내 친박과 비박의 앙금과 분열이 없었다면, 국회에서 박근혜 대통령의 탄핵결의안이 통과되는 일은 발생하지 않았을 것이다. 당시 새누리당 국회의원 128명 중 탄핵에 찬성했던 의원은 무려 63명이었던 것으로 추정된다. 이 63명의 생각이 본질적으로 고영주나 홍준표에 가깝지, 문재인에 가까울 수는 없는 것이다.

# 7

## 당신의 뇌는 선거 91일 전을 기억하지 못한다

〈선거방송심의에 관한 특별규정〉 제21조에 따르면 공직 선거에 출마하는 후보자는 선거일 전 90일부터 선거일까지 방송 출연이 금지된다. 보도와 토론 방송을 제외한 교양이나 예능 프로그램에 후보가 나와 웃고 떠들고 해서는 안 된다는 말이다. 방송사는 제한 기간 중 후보자를 보도나 토론 프로그램의 진행자로 출연시켜서도 안 된다. 모두 법 위반이다.

그런데 이 말은 곧 선거일 91일 전에는 교양이나 예능 프로그램 등에 출연해도 괜찮다는 말이 된다. 92일 전도 괜찮다. 1년이나 2년 전부터 꾸준히 나온 것도 관여치 않는다. 오직 선거일 전 90일부터 선거일까지, 선거기간 중에만 TV의 교양이나 예능프로그램에 나오지 말라는 것이다.

눈 가리고 아웅하는 것이다. 이는 한선교처럼 수십 년 동안 TV 교양 프로그램 아나운서로 일하다가 선거기간 동안 잠깐 화면에 등장하지 않았다고 방송 진행자로서 대중의 머리에 각인된 이미지가 90일 동안 지워진다고 전제한 법이다. 그러나 인간의 뇌가 어떻게 그런가.

2012년 말 대통령 선거를 앞두고 그해 1월 박근혜가 SBS〈힐링캠프〉에 출연해서 훈훈한 이미지를 연출한 일이 당선에 도움이 되지 않았다고 어느 누가 말할 수 있을까? 이 법을 만든 사람들은 사람의 기억이라는 것이 선거기간 90일 동안 완전히 리셋되어 과거의 이미지는 완전히 지워버리고 새로 부팅되는 컴퓨터와 같다고 생각했을까? 도리어 인간의 기억이란 장기간 지속적으로 노출된 호감이나 비호감의 이미지에 강렬하게 영향받는데 말이다.

이처럼 허술한 선거법으로 인해 혜택을 보는 사람들은 누구일까? 여하튼 TV 화면에 자주 모습을 비춰온, 그래서 인지도를 쌓아온 기존의 정치인들이다. 종합편성채널에 패널로 나와 꾸준히 인지도를 높인 정치 지망생들이다. 정치 신인들에게는 불리할 수밖에 없다. 불공정하고 불합리하다. 무조건 2판은 내주고 시작하는 5판 3선승제 게임같다. 그러나 이 우스꽝스러운 선거방송심의 규정이 바뀔 가능성은 별로 없어 보인다. 기존 정치인들에게 유리하기 때문이다. 게다가 많은 국민들도 이렇게 믿고 있다.

'선거를 공정하게 치르기 위해서는 선거기간 정치 후보자들이 무분별하게 나와서는 안 된다. 선거가 혼탁해질 우려가 있다.'

그 유권자들 대다수가 오늘도 종편의 패널 이야기에 고개를 끄덕이거나 지상파 예능 프로그램에 나온 정치인들의 포근함에 정을 느끼고 있을 것이다. 다음 선거일 90일 전까지 말이다.

## 8

## 숫자만 신봉하고
## 디테일에는 약한 시스템

숫자를 제시하면 사람들은 정확하다고 믿는다. 정부가 올림픽 유치권을 따내려 할 때도, 대규모 토목공사를 진행하려고 할 때도, 사회적 논쟁이 붙을만한 경제정책을 시행하려 할 때도 숫자를 근거로 제시한다. 고용창출 효과는 얼마고, 경제효과는 얼마라고 보도자료를 낸다. 수십조 원이 글자로 타이핑되어 있으면 이는 곧 현실이 될 것 같다. 권위 있는 연구소나 교수진이 계산했다고 하면 더욱 믿음이 간다. 외국기관의 자료라면 더더욱 신뢰가 붙는다. 관료들이 보고하면 정치인은 사인한다. 보도자료가 나오면 기자들은 받아쓴다. 큰 숫자와 높은 순위는 명확하고 선정적인 것을 좋아하는 언론에게 안성맞춤이다. 보도는 누적되고 사람들은 세뇌된다.

그래서 숫자는 남발된다. 이명박, 박근혜 정부가 유독 이런 방식을 애용했지만 이는 박정희 정권 때부터 이어져 내려온 전통적인 방식이다. 매월 국민들에게 한국의 수출이 얼마나 잘 되는지 보여주고 자랑하기 위해서 기업들의 수출입 실적을 월별, 분기별, 연별로 맞추던 관행이 수십 년 쌓이고 쌓여, 1997년 IMF 당시 전 국민이 목도한 대기업들의 대규모 분식회계로 이어졌다고 내게 변명했던 재벌 CEO도 있었다.

세부 내용을 하나씩 따지고 들어가 보면 숫자는 허상일 경우가 많다. 그동안 기관의 연구소들이나 관료들이 말한 대로 대규모 개발 사업이 추진되고, 대형 국제 이벤트를 개최할 때마다 한국에 수십조 원씩의 경제효과가 생겼다면 한국은 지구상에서 가장 부유한 나라가 되었어야 한다.

이런 경향이 문재인 정부라고 크게 달라지리라 믿는 것은 순진하다. 정부에서 일하는 관료, 대통령을 보좌하는 참모들의 일해 왔던 방식이 금방 바뀐다는 건 불가능하다. 문재인 대통령은 지난 대통령 선거 때 이명박·박근혜 정부 들어 한국의 ICT 산업 경쟁력 많이 떨어졌다고 비판했다. 그러면서 "김대중·노무현 대통령 때는 ICT 산업경쟁력이 세계 3위였는데 지금(2016년)은 25위"라고 말했다. 그렇게 연설하는 모습을 선거 홍보 동영상으로 만들어 유튜브에 올리기도 했다. 문재인 후보는 10년 사이에 이렇게 크게 지수가 떨어진 이유가 이명박·박근혜 정부의 실정 때문이라고 강조하고 싶었겠지만, 지난 정부의 국정 운영이 참혹할 실패작이었다는 데는 동의하면서도, 지수만 놓고 본다면 진실은 그게 아니다.

당시 문재인 캠프에 물어보니 문재인 후보가 말한 내용은 캠프 '국민성장위'에서 주도적 역할을 했던 한 교수가 쓴 내용을 바탕으로 한 것이었다. 그런데 이상했다. 김대중·노무현 대통령때는 ICT(Information & Communication Technology)라는 말 자체를 거의 사용하지 않았기 때문이다. 그때는 IT(Information Technology) 경쟁력이라는 단어를 사용했고, 언론도 한국의 IT 경쟁력이 세계 최상위 수준이라고 보도했었다.

ICT라는 단어는 비교적 최근에 생겨났다. ICT가 정확히 어떤 의미인지는 명확하게 설명하기는 어렵다. 박근혜 정부는 이를 스마트 팩토리, 창조경제라는 용어와 함께 무분별하게 사용했고, 언론도 정확히 정의하지 않고 보도해왔다. ICT는 'Information & Communication Technology'의 약자다. 우리말로 '정보통신기술'이 된다. 정보(data)가 담긴 기기(hardware)와 이를 운영하고 관리할 수 있는 기술(software)을 이용해 정보를 수집·생산·가공·보존·전달·활용하는 모든 방법을 의미한다. 누구는 IT가 ICT를 포괄하는 더 큰 개념이라고 말하고, 누구는 IT에서 진화된 개념이 ICT라고 말한다. 분명한 것은 둘은 다르다는 것이고, 그렇다면 둘의 경쟁력이라는 것을 측정하는 방법도 다를 수밖에 없다는 점이다. 연구자나 연구기관마다, 시대에 따라 경쟁력을 측정하는 방법은 다를 수 있다.

위 경우도 그렇다. 당시 문 후보가 말했던 김대중·노무현 당시 IT 경쟁력 3위는 국제적 경제조사 기관인 EIU(Economist Intelligence Unit)에서 순위를 매긴 것이다. EIU는 당시 IT 경쟁력을 매길 때 인터넷 인프라 등 하드웨어적 요소에 중점적 기준을 두고 각국의 IT 산업경쟁력을 가늠했다. 초고속 인터넷이 팍팍 터지는 한국이 2007년에 3위를 할만 했다.

그러나 2016년 EIU가 25위라고 발표한 ICT의 경쟁력 지수를 환산하는 기준에는 다섯 가지 항목이 있는데, 이 중 한 가지가 '노동시장 유연성'이었다. 이 항목에서 한국은 83점을 받아 하위권(저득점일수록 고순위, 1위 스위스의 노동시장 유연성은 1점)을 기록했기 때문에 한국의 ICT 산업경쟁력이 25위로 밀린 것이다. 한국은 다른 항목인 기술숙련도나 교육시스템 등에서는 각각 23점과 19점을 획득해 상대적으로 좋은 평가를 받았다.

이를 다른 말로 해석하자면 한국이 ICT 산업경쟁력을 올리기 위해서는 더 많은 사람을 쉽게 자를 수 있는 구조가 되어야 한다는 것을 의미한다. 문재인 후보가 그런 의미로 말했던 것인가? 전혀 아닐 것이다. 지난 대선 당시 문재인 후보의 대선공약 첫 번째가 '일자리 창출'인데 ICT 경쟁력 지수가 뭐라고 자신의 첫 번째 대선공약을 파기하면서까지 노동시장 유연성을 강화하겠는가. 그러나 문 후보는 홍보 동영상을 통해 결과적으로 자신의 주요 공약과는 완전히 반대되는 이야기를 해버렸고, 이를 문재인 캠프는 제대로 이해하지 못하고 있었다.

이 기준으로 EIU의 ICT 산업경쟁력이 측정된다면 앞으로도 한국의 순위가 급격히 오르는 일은 일어나지 않을 것이다. 무엇보다 국내든 해외기관이든 숫자나 순위에 담긴 '함의'를 무시한 채 숫자나 순위 자체에만 '함몰'된다면, 숫자로 보이는 산업경쟁력이 아무리 오른다고 해도 국민의 삶은 더 불행해질 가능성이 높다. 무엇인가를 측정하는 지수, 특히 각국을 비교하는 지수들은 결국 각국이 제시한 데이터와 각국에서 실시된 설문조사에 바탕을 하고 있다.

한국인은 비정규직 문제로 큰 고통을 당하는데도 세계적 기관들에서 노동유연성과 관련된 지수만 나오면 왜 한국이 하위권에 속하는 지 아직도 눈치 채지 못했는가? 각국에서 설문조사에 응하는 응답자들, 즉 기업인, 경영학자, 교수들이 한국 언론의 논리(한국은 노동자들이 강경투쟁을 일삼고, 노동시장이 경직되어 있으며, 대기업 노동조합의 힘의 너무나 막강하다)에 공감하고, 아니 배후에서 그같은 논리를 제공했던 사람들이라면 언제 어떤 기관에서 조사를 하더라도 한국의 노동시장 유연성은 낮게 나오게 된다. 실제로 많은 세계적 기관들이 각국에서 이런 사람들을 응답대상으로 설문조사를 실시해 결과를 발표하고 있다.

# 9

## 우리 몰래 일어나는 일들이 많다

2016년 10월, 국회의 정기 국정감사가 한창이었을 때다. 공정거래위를 피감기관으로 두고 있는 국회 정무위에서는 재벌들의 갑질 행태에 대한 조사가 진행됐다. 삼성, 현대차, GS, SK 등 대부분의 10대 재벌 기업 임원들이 증인으로 출석하기로 예정되어 있던 날은 다음주 화요일. 내가 국회 국정감사 증인 명단에 적시된 이들의 이름을 확인한 것은 그 전주 금요일이었다.

그런데 불과 주말 사이에 어떤 모종의 작업을 거쳐 증인 출석자 가운데 한 명이 빠져 버렸다. 삼성전자 구매팀 전무였다. 알고 보니 삼성의 작업은 이미 국정감사 증인으로 출석 요구를 받을 것 같다는 정보가 입수된 시점, 그러니까 국감이 시작되기 한 달여 전부터 시작되었다. 삼성전자는 뉴스타파 등에 삼성의 납품단가 인하 강요 사실을 폭로했던 하도급업체 대표와 접촉했다. 어차피 회사는 망했고(하도급업체 대표는 삼성전자에게 보복을 당해 망했다고 주장해왔다), 남은 공장의 기계 등을 우리가 인수해줄 터이니 여기서 그만하자는 제안이었다. 하도급업체 사장으로서는 거절하기 힘든 제안이었다. 평생 일군 회사를 망쳐버린 삼성전자에 대한 증오가 남아 있었지만 그래도 무일푼이 되는 것보다는 낫다는 생각이 앞섰다. 인지상정이다.

대신 삼성은 합의서에 "언론, 시민단체, 국회, 공정거래위의 조사나 개입이 있다면 합의가 자동 중단된다"는 조항을 삽입했다. 삼성전자 하도급업체 대표는 이 합의서에 사인할 수밖에 없었다. 그리고는 합의서를 들고 당시 야당 의원들을 찾아다녀야 했다. 자신이 삼성전자의 납품단가 인하 강요 사실을 폭로한 것은 맞지만 삼성과 합의했으니 제발 삼성의 임원은 증인 명단에서 빼달라고 읍소하고 다닌 것이다. 합의서에 "국회, 공정거래위의 조사나 개입이 있다면 합의가 자동 중단된다"고 되어 있으니 국회 국정감사장에서 삼성전자 임원이 증인으로 출석하고 이후 공정위 조사까지 들어가면 자신은 아예 빈털터리가 될 처지에 놓였다는 사실을 털어놓을 수밖에 없었다. 그의 호소는 먹혔다.

그가 읍소하고 다닌 일의 배후에 삼성이 있다는 사실을 정무위 국회의원들도 알고 있었지만 그들 역시도 상황이 어쩔 수 없게 되었다고 판단한 것이다. 피해업체를 볼모로 사실상 국회를 협박한다는 불쾌한 감정도 들었지만 피해업체를 구제하는 것이 먼저라고 생각한 것이다. 대신 한 국회의원은 삼성에게 '앞으로 하도급업체에 대한 갑질 행위에 대해서는 어떤 문제도 일으키지 않을 것이며, 이를 제도적으로 방지할 조치를 강구하겠다'는 각서를 받았다. 각서의 내용이 사뭇 구체적이었다.

그러나 사기업이 국회의원에게 쓴 각서가 법적 효력을 갖는 것은 아니다. 삼성이 국회의원에게 제출한 각서를 통해 자신들의 갑질 행위와 관련해 제도적 장치를 마련하기로 한 시한은 2016년 12월 말까지였다. 2017년 어느 날 나는 해당 국회의원 보좌관에게 "삼성이 약속을 지켰느냐"고 물었다. 그는 "뭐, 그렇지요"라는 대답과 함께 씁쓸한 미소를 지었다.

국회의원이 재벌을 상대로 할 수 있는 일은 많지 않다. 반면 재벌 대기업이 국회의원에게 영향을 미칠 수 있는 일은 적잖다. 지역구를 가진 국회의원이라면 지역의 민생 경제, 교육 등에 신경 쓰지 않을 수 없다. 그런데 지역구 공단에 있던 대기업의 공장이 해외로 이전한다면, 그래서 납품업체들을 비롯한 중소기업 노동자들이 실직 위기에 처한다면 참으로 난감한 노릇이 아닐 수 없다. 지역 경제의 고용률을 높이고, 경기를 활성화시키기 위해 대기업의 눈치를 봐야 하는 사람은 때로는 국회의원이 될 수 있다.

　재벌이 벌이는 각종 사회공헌활동도 마찬가지다. 재벌 대기업이 국회의원의 지역구 학교에 컴퓨터를 보급하고 공공시설을 짓는다면 이를 반기지 않을 유권자가 있겠는가? 더욱이 지역구 국회의원의 평판도 좋아지는 것이니, 우리가 국정감사장에 보는 갑(국회의원)과 을(재벌)의 일상적 위치는 평상시에는 반대로 뒤바뀌어 있을 개연성이 높다.

## 10

## 부동산 투기세력·언론·관료는 이익 동맹체다

문재인 정부가 부동산 대책을 쏟아내면서 대출을 많이 받아 아파트에 투자한 다주택자들의 리스크가 커졌다고 한국 언론은 말한다. 그러나 한국 사회에서 가장 큰 리스크를 안고 살았고, 앞으로도 그럴 수밖에 없는 사람들은 전체 가구의 절반 가까이에 이르는 무주택자들, 그중에서도 부모에게 물려받을 것 없는 한국의 청년세대다. 평균 아파트 거래가가 6~7억 원이 되어버린 서울에서 이들이 집을 사고 아이를 낳고 내일을 설계하는 것은 언감생심 꿈꾸기 힘들다.

이들의 눈에 비친 한국의 장년층들은 '운 좋은 이기적 세대'다. 한국의 장년층들이 대학의 정규직 교수도, 대기업의 정규직도, 서울의 번듯한 집까지 모두 독차지해버렸다고 생각한다. 그리고 자신들이 올라갈 수 있는 사다리를 걷어 차버렸다는 것이다. 반박하기 어렵다.

내가 대학을 다닐 때는 학장 중에도 더러 석사학위자가 있었다. 지금은 미국의 명문대에서 어렵게 공부해 박사학위를 취득해도 정교수 트랙에 오르기가 쉽지 않다. 대학에는 100만 원짜리 박사 시간강사들이 넘쳐나지만, 나이 든 정교수들은 정년이 보장되어 있다. 1997년 외환위기 이전에 직장을 잡은 중·장년층들은 대부분 정규직으로 부장도 되고 임원도 되었지만, 그다음 입사자들부터는 하청으로 외주화되었거나 비정규직 채용이 관행화되었다. 정규직과 비정규직의 임금차도 크고, 원청인 대기업과 하청인 중소기업의 임금차 역시 크다. 수십 년 동안 주기적으로 일어난 부동산 광풍 덕분에 집값이 천정부지로 뛰면서 한국의 장년층 상당수는 높아진 집값에 흐뭇해하고 있다. 하지만 한국의 청년세대 대부분은 이제 평생 벌어도 도저히 엄두가 나지 않을 수준이 되어 버렸다.

문제는 이 서른 안팎의 젊은 세대들과 그들이 낳을 미래 세대들은 틀림없이 가중될 건강보험, 국민연금의 부담을 고스란히 떠안아야 한다는 사실이다. 인구가 줄어들고 있기 때문이다. 그들은 우리보다 덜 받고 더 부담해야 할 게 분명하다.

게다가 이명박·박근혜 정부 때 활성화된 주택연금제도 덕택에 집을 가진 소유자들은 60세 이상부터는 자신의 소유주택을 담보로 연금을 받을 수 있게 되었다. 연금을 계산하는 기준이 되는 집값은 '현재' 집값이다. 부동산의 감가상각은 고려하지 않는다. 인구 감소로 집의 가치가 하락할 수 있지만 그 위험 부담도 여기에 넣지 않았다. 연금 수령을 빨리하면 할수록, 자신이 그런 세대에 속하면 속할수록 더 높은 혜택을 받게 되는 구조인 셈이다. 연금액 책정도 예금이자보다 훨씬 높게 해준다. 주택의 현재 가치를 다 못 쓰고 사망하면 은행이 정산해서 자식들에게 나머지를 넘겨주지만, 은행이 책정한 주택의 현재 가치를 다 써버리고 마이너스가 된다고 해도 그건 은행의 부담이다. 아니, 정확히 말하면 주택금융공사의 부담이 된다. 금융공사의 돈은 누구의 돈인가? 결국 국민 세금이다. 지금은 주택연금 가입자 수가 많지 않아 조성해 둔 주택금융공사의 기금으로 충당이 가능하지만 인구가 급감하고 부동산 가격이 폭락하면 이에 대한 부담을 떠안아야 하는 것은 미래의 근로 소득자들이다.

그럼 집을 가진 소유주들에게 재산세라도 제대로 걷을 수 있을까? 재산세는 자산을 많이 가진 부유한 사람에게는 많이 걷고, 가난한 사람에게는 적게 걷는 세금이다. 간접세와는 달리 조세를 통한 소득재분배 효과도 있다. 게다가 소득세를 높이면 납세자들의 근로의욕이 꺾이고, 부가가치세를 높이면 소비욕구가 떨어져 소비가 줄고 연쇄적으로 생산 기업에 악영향을 미칠 수 있다. 하지만 재산세는 단계적으로 높여도 당장 집을 팔기 어려워 경제에 미치는 악영향이 다른 세금들에 비해 가장 적다는 OECD의 연구조사도 있다. 그러나 이는 한국적 상황과는 다른 이야기들이다. 한국에서 지금 당장 재산세를 높이기는 대단히 힘들 것이라고 본다. 소득 수준에 비해 아파트 가격이 너무나 올라버렸기 때문이다.

한국의 재산세 실효세율(시장의 실제 자산가 대비 재산세 부과액)이 OECD 국가들 가운데 가장 낮다는 것은 이미 잘 알려진 사실이다. 미국의 경우 보통 주택가격에 대비해 보유세가 1.5~2퍼센트 정도 나오지만 우리는 그 10분의 1수준인 0.2퍼센트 대에 머물고 있다. 서초구의 반포래미안퍼스티지 아파트의 경우 시장에서 거래되는 것은 18억 원이지만 집주인이 내는 재산세는 연 300만 원 안팎이다. 이를 소득 대비 재산세율로 바꾸어 생각해보면 셈법이 복잡해진다.

국회 기획재정위원회 자료에 따르면 한국에서 연소득 3억 원 이상 종합소득세 신고자들은 고작 4만 명 수준이다. 그런데 서울의 아파트 평균 거래가가 6~7억 원 수준이고, 서울에는 160만 채 정도의 아파트가 있다. 6억 원의 아파트에 2퍼센트의 재산세를 부과하면 한 해 1,200만 원, 즉 한 달에 100만 원을 내야 한다는 말이다. 한국인은 아직 이런 재산세를 감당할 소득 수준이 안 된다. 아파트 등 자산가격이 급격히 올라 자산가치는 높아졌지만 그건 소득이 뒤따르지 않는 투기 거품으로 형성된 자산가치이기 때문이다. 이 정도의 자산을 소유한 사람들 가운데 많은 사람들이 OECD 평균 수준의 재산세율도 부담할 능력이 안 된다는 말이다.

게다가 앞에서 지적한 것처럼 토지, 아파트 등의 재산세를 매기는 기준이 되는 공시지가나 공시가격은 중앙이나 지방정부의 공시가격위원회가 관여한다. 정부나 지자체의 의지가 매우 강하지 않은 이상 이들 위원회에 소속되어 있을 교수, 전문가, 관료들이 이를 급격히 올릴 거라고 기대하는 일은 무리다.

문재인 정부가 지금까지 보여준 스탠스도 그렇다. 정부의 8·2 대책도 그렇고 이후 도입하기로 한 분양가상한제, 후분양제에 대한 논의도 정부의 고민이 역력해 보인다. 한국 언론은 정부의 부동산 규제책이 강하다고 엄살을 피우지만 정부는 당장 재산세도 못 올리고 국내 금리도 큰 폭으로 올릴 수 없다. 경제 상황이 이를 뒷받침해주지 않는다. 정부 입장에서는 아파트값이 현 단계에서 더 폭등해도 문제고, 단기간에 폭락해도 큰 문제가 된다. 말하자면 죽일 수도, 살릴 수도 없는 것이다.

1,500조 원의 가계부채는 줄여야 하고, 강남의 집값은 잡아야 하고, 국민의 소득수준도 높아져야 한다. 이 상황에서 한국 언론이 국민들에게 드러내 보일 수 있는 것은 복원력이 강한 집값과 임계점에 달한 가계부채, 미국의 예고된 금리인상과 단기간에 결코 급속도로 높아지진 않을 국민 일반의 소득수준밖에 없다. 정부의 바람은 부동산 가격이 큰 폭의 출렁임을 보이지 않고 약보합 정도로 꾸준히 지속되는 것이다. 정부가 쓸

정책 수단은 생각보다 많지 않다. 문제는 시장의 꾼들은 정부의 패를 이미 눈치 채고 있다는 사실이다. 그리고 이 시장의 꾼들에는 부동산 투기세력만이 아닌 한국의 대다수 언론 그리고 일부 관료들도 포함돼 있다는 점이다. 그들은 이익 동맹체다.

5장

# 프레임이 바뀌고 있다

# 1

## 나쁜 〈조선일보〉, 늙은 KBS

문자는 기원전 3,500년 전 메소포타미아 문명에서 시작되었다. 그 전 사람들은 동물처럼 소리를 통해 서로에게 기초적인 의사 표시를 했을 것이다. 문자로 무언가를 기록하고, 그 기록을 후대에 넘겨주면서 문명이 발달하게 되었다. 그런 점에서 미디어의 역사는 문명 발달사와 궤를 같이 한다. 문명의 시작은 신의 역사에서 시작된다. 신정 국가는 왕정이 되었고, 왕들은 자신들의 이야기를 기록으로 남겼다. 그래서 대개의 역사는 신의 기록, 왕의 기록, 승자의 기록이었다. 소수자들의 전유물이었다. 문자와 그 문자로 표현된 기록물, 미디어가 소수자들의 전유물이었기 때문이다.

20세기 산업화가 본격적으로 일어나고, 일반교육이 시작되면서 문맹률이 낮아지자 대다수 시민들도 말뿐만 아니라 글을 쓸 수 있게 되었다. 글을 통해 지식을 얻었고, 자신의 생각을 표현하게 되었다. 그렇다고 일반 시민들이 미디어를 바로 소유할 수 있게 된 것은 아니었다. 기자를 고용하고 인쇄기를 사들여서 신문사를 차리는 데는 막대한 자금이 필요하다. 카메라와 송출장비를 완비한 방송사를 차리는 데는 최소 수천억 원이 기본이다. 정부로부터 방송사 허가증도 획득해야 한다. 한정된 신문사와 소수의 방송사가 있는 구조에서는 담합이 쉬웠다. 정보는 늘 위에서 아래로, 권력에서 언론사, 다시 대중으로 내려오는 하향식(top-down)이었다. 권력이 말하지 않으면 언론사는 몰랐고, 언론사가 말하지 않으면 독자나 시청자들은 알 길이 없었다. 뉴스를 결정하는 사람은 저 위의 누구였다.

그런데 대체 뉴스란 무엇인가? 그 뉴스가 당신에게 중요하다는 것은 누가 결정하는 것인가? 당신이 그런 권한을 그들에게 줬는가? 누구도 그런 권한을 언론사들에게 준 적은 없다. 언론사들은 스스로 당신에게 '내가 가장 중요한 뉴스의 전달자'라고 자임하고 있을 뿐이다.

미국의 〈뉴욕타임스〉는 스스로의 권위를 자부하며 "인쇄에 적합한 뉴스는 모두 게재한다"(All The News That's Fit To Print)고 공언한다. 1897년부터 이 슬로건을 쓰고 있다. 그렇다면 〈뉴욕타임스〉에 나온 뉴스는 모두 다 인쇄에 적합한 뉴스인가? 그 판단은 누가 하는 것인가? 〈뉴욕타임스〉 스스로 하는 것이다. 스스로 이 뉴스가 인쇄에 적합하니 '당신들은 그냥 보시라'는 말이다.

〈USA투데이〉의 구호는 "우리는 소음이 아니라 뉴스를 전달한다"(We deliver news, not noise)이다. 이 역시 자신들의 뉴스는 결코 소음이 아니라고 스스로 판단하는 것이다. 과연 독자들도 그렇게 생각할까? 〈워싱턴포스트〉의 원래 슬로건은 "더 깊게 파는 신문"(The paper that digs deeper)이었다가 최근에 "민주주의가 어둠속에 죽고 있다"(Democracy Dies in Darkness)로 바꿨다. 트럼프가 미국의 거의 전 언론과의 전쟁을 벌이고 있는 상황을 빗댄 말로 여겨진다.

뉴스가 무엇인지, 무엇이 오늘의 가장 중요한 뉴스인지를 명확히 정의할 수 있는 사람은 없다. 무엇이 가장 중요한가에 대해서는 누구나 의견이 다르다. 각자의 가치관에 따라 차이가 난다. 공영방송 KBS 9시 뉴스의 첫 번째 꼭지부터 25번째 꼭지까지, 그날의 리포트 하나하나의 제목과 순서, 내용에 동의할 수 있는 사람이 몇 명이나 될까? 내가 생각하는 중요한 뉴스가 누락되거나 축소되었다고 말할 시청자가 인구의 절반 이상은 될 것이다. 21세기 한국 언론사에 가장 치욕스러운 날로 기록될 2014년 4월 16일 KBS 9시 뉴스와 MBC 뉴스데스크의 제목들을 보자.

## KBS뉴스9 (2014.4.16.)

1 뉴스9 헤드라인
2 "4명 사망·174명 구조…284명 생사 미확인"
3 "한 명이라도 더 살리자"…긴박한 사투 현장
4 "선실 3곳 공기 없고 물 가득차"…수색 계속
5 물살 빠르고 앞도 안 보여…구조작업 어려움
6 저체온증·산소 고갈 우려…'에어포켓'이 관건
7 "갑자기 크게 기울었다"…손 쓸 새도 없었다
8 세월호 내부구조 복잡…학생들 3·4층 객실에
9 갑작스런 정전에 구명조끼도 제대로 안 펴졌다
10 정부 탑승·구조자 집계 '우왕좌왕'…혼란 가중
11 이 시각 상황은?
12 박 대통령 "참담한 심정…구조 최선 다해야"
13 화물 떨어져 '부상'…온수 쏟아져 '화상' 위협
14 부상자 2명 중상·대부분 경상, 생명 지장없어
15 '쾅' 소리 후 선박 기울어…사고 순간 재구성
16 여객선 출항에서 침몰까지 '긴박했던 14시간'
17 짙은 안갯 속 유일한 출항…'권장 항로' 이탈
18 "선체 왜 갑자기 기울었나?"…탈출 승객 증언
19 '쾅' 소리 실체는? 여객선 손상 부위 조사해야
20 세월호 대체 선장 운항…사고 원인 조사 착수
21 '생사의 갈림길' 죽음의 사투…긴박했던 순간
22 일부 승객 구명조끼도 제대로 못 입고 발동동
23 쉴 새 없는 구조작업…일촉즉발 '위기의 연속'
24 육해공 총동원, 하늘·바다서 입체적 구조작업
25 현지 어민들까지도 목숨 건 구조에 적극 동참
26 이 시각 상황은?
27 단체 탑승 '단원고' 애타는 학부모들 현장으로
28 '오락가락' 정부 발표에 억장 무너지는 학부모
29 국내 최대 여객선 '세월호', 정기검사 이상무?
30 세월호, 천안함 10배 무게…인양작업도 난항
31 이 시각 중앙재난안전대책본부
32 "4명 사망·174명 구조…284명 생사 미확인"
33 "한 명이라도 더 살리자"…긴박한 사투 현장
34 "선실 3곳 공기 없고 물 가득차"…수색 계속
35 물살 빠르고 앞도 안 보여…구조작업 어려움
36 저체온증·산소 고갈 우려…'에어포켓'이 관건
37 "갑자기 크게 기울었다"…손 쓸 새도 없었다
38 세월호 내부구조 복잡…학생들 3·4층 객실에
39 갑작스런 정전에 구명정도 제대로 안 펴졌다
40 정부 탑승·구조자 집계 '우왕좌왕'…혼란 가중
41 이 시각 상황은?
42 박 대통령 "참담한 심정…구조 최선 다해야"
43 화물 떨어져 '부상'…온수 쏟아져 '화상' 위협
44 이 시각 부상자 상황은?
45 '쾅' 소리 후 선박 기울어…사고 순간 재구성
46 여객선 출항에서 침몰까지 '긴박했던 14시간'
47 짙은 안갯 속 유일한 출항…'권장 항로' 이탈
48 "선체 왜 갑자기 기울었나?"…탈출 승객 증언
49 쾅 소리 실체는? 여객선 손상 부위 조사해야
50 세월호 대체 선장 운항…사고 원인 조사 착수
51 '생사의 갈림길' 죽음의 사투…긴박했던 순간
52 일부 승객 구명조끼도 제대로 못 입고 발동동
53 쉴 새 없는 구조작업…일촉즉발 '위기의 연속'
54 육해공 총동원, 하늘·바다서 입체적 구조작업
55 현지 어민들까지도 목숨 건 구조에 적극 동참
56 이 시각 상황은?
57 단체 탑승 '단원고' 애타는 학부모들 현장으로
58 '오락가락' 정부 발표에 억장 무너지는 학부모
59 국내 최대 여객선 '세월호', 정기검사 이상무?
60 세월호, 천안함 10배 무게…인양작업도 난항
61 미세먼지 올들어 최고 농도…외출 자제해야
62 북한, '판박이' 중국산 무인항공기 활용했나?

63 한일, '위안부' 첫 국장급 협의…정례화 합의
64 [간추린 단신] 국토부 장관 "소형주택 의무건설 비율 폐지" 외
65 내일 전국 비…수도권·강원 미세먼지 '약간 나쁨'

## MBC 뉴스데스크 (2014.4.16.)

- 오늘의 주요뉴스
- 진도 해상 여객선 '세월호' 침몰—290명 사망, 실종
- '세월호' 좌초부터 침몰까지—삶과 죽음의 기로 필사의 탈출
- 민관군 총동원 필사의 구조작업—사고해역 '썰물' 뱃머리 드러나
- 실종자 어디에 있을까—객실에 파신? 실낱같은 희망
- 실종자 수색 어떻게? 수중시야 20cm '구조환경 나빠'
- 사고직후 '그대로 있으라' 안내방송—대응 적절했나
- 침몰된 세월호 현재 상황은?—뒤집힌 배, 층마다 '공기층' 있을 수도
- 수온 12도 얼마나 버틸 수 있나?—체온 유지가 관건
- 실종자 가족들 진도 팽목항에서 간절한 기다림
- 서해해경 긴장 속 수색 지휘—조명탄 사용하며 선체 진입 시도
- 사망자 시신 목포 한국병원으로 이송—유족들 오열
- 실종자들은 누구?—단원고 학생 200여명과 50년 지기 동창생
- "엄마 사랑해" 애타는 문자메시지—안타까운 사연
- 세월호는 어떤 배?—국내 최대 규모 여객선, 단체 관광객 많이 이용
- 누가 타고 있었나—학생 동창 단체여행가다 '참변'
- "쿵 소리 난 후 배 침몰"—안개 속 운항, 암초 못 봤나?
- 승객 더 태우려 선박 개조?—"구명보트 오작동" 결함 의혹
- '쿵' 굉음 2시간 반 만에 침몰—긴박했던 사고 순간 재구성
- 절박했던 구조요청, 30분간 지속—"배가 침몰해요"
- "한 명이라도 더" 하루종일 구조작업—빠른 조류에 어려움
- 육해공 구조작업 '총출동'—함정 23척. 병력 1천여명 동원
- 하늘에서 본 필사의 구조—여객선 난간 매달려 '아슬아슬'
- 생업 제쳐두고 뱃머리 구조 현장으로—어민들 사고해역 투입
- 서해해경 긴장 속 수색 지휘—구조작업 성패 '선체 진입'
- 연락두절 학부모 '발동동'—단원고 18일까지 임시 휴교 방침
- 다 구조됐다더니 사망 소식—구조자 오락가락 '분통'
- 구조 집계 '오락가락' 대혼란—실종자 가족 타들어 가는 속
- '세월호' 선사 청해진 해운 사과 "큰 사고 죄송—보상 최선"
- 탁하고 빠른 물살 수색 난항—SSD.UDT 152명 현지 급파
- 해상크레인 3대 동원—선체 인양에 열흘 이상 걸릴 듯
- 사상 최악 해상 사고 우려—역대 대형 여객선 사고 일지
- 이 시각 중앙재난대책본부—'내일 오전 9시, 공식 브리핑'

- 박 대통령 "참담한 심정, 구조에 최선"–청와대 비상체제로 전환
- 국방부, 재난대책본부 밤샘 운용–가용인력, 장비 총동원 야간수색
- 진도 해상 여객선 '세월호' 침몰–290명 사망,실종
- '세월호' 좌초부터 침몰까지–삶과 죽음의 기로 필사의 탈출
- 실종자 어디에 있을까–객실에 피신? 실낱같은 희망
- 실종자 수색 어떻게? 수중시야 20cm '구조환경 나빠'
- 사고직후 '그대로 있으라' 안내방송–대응 적절했나
- 침몰된 세월호 현재 상황은?–뒤집힌 배, 층마다 '공기층' 있을 수도
- 수온 12도 얼마나 버틸 수 있나?–체온 유지가 관건
- 서해청 최종 집계 발표 "탑승 462.사망자 4.구조 175.실종 283명"
- 사망자 시신 목포 한국병원으로 이송–유족들 오열
- 침몰선에서 보내온 딸의 문자–"엄마 사랑해"
- 침몰 '세월호'는 어떤 배?–국내 최대 규모 여객선
- "쿵 소리 난 후 배 침몰"–안개 속 운항, 암초 못 봤나?
- 승객 더 태우러 선박 개조?–"구명보트 오작동"결함 의혹
- '쿵' 굉음 2시간 반 만에 침몰–긴박했던 사고 순간 재구성
- 〈이슈 & 토크〉 실종자는 지금 어디에? 구조 진행은 어떻게?
- 절박했던 구조요청 30분간 지속–"배가 침몰해요"
- 육해공 구조작업 '총출동'–함정 23척. 병력 1천여명 동원
- 민관군 총동원 필사의 구조작업–사고해역 '썰물' 뱃머리 드러나
- 인명 구하러 생업 제쳐두고 구조현장으로 뱃머리 돌린 어민들
- "내 아이가 저 곳에" 실종자 가족들 망연자실–'오열'
- 연락두절 학부모 '발동동'–단원고 18일까지 임시휴교 방침
- 다 구조됐다더니 사망 소식–구조자 오락가락 '분통'
- 구조자 368명에서 164명으로–구조 집계 '오락가락' 대혼란
- '세월호' 선사 청해진 해운 사과 "큰 사고 죄송–보상 최선"
- 탁하고 빠른 물살 수색 난항–SD.UDT 152명 현지 급파
- "물이 고여요" 탑승객 영상메시지–선박 내부 모습 공개
- 해상 크레인 사고 해역으로 출항–선체 인양 열흘 이상 걸릴 듯
- 진도 여객선 사상 최악 해상 사고 우려–역대 선박 사고는?
- 박 대통령, 중앙재난안전대책본부 방문–"참담한 심정"
- 국방부, 재난대책본부 밤샘 운용–가용인력, 장비 총동원 야간수색
- 〈날씨〉 밤 사이 짙은 안개–내일 남부 비 흠뻑

이게 당시의 상황을 객관적으로 전달한 뉴스들인가? 첫 번째 꼭지부터 마지막 뉴스까지, 이 순서대로 나가야할 상황이 었는가? 아침부터 시작된 오보로 하루 종일 시청자를 속였다면 최소한 자사의 메인 뉴스에서는 최대한 냉철한 시선으로 사태를 파악하고, 정부의 책임을 꼬치꼬치 캐물었어야 한다. 또한 언론으로서 과오를 통감하고 먼저 사과했어야 한다.

이런 뉴스들을 믿을 수는 없다. 이런 뉴스들을 첫 번째 꼭지부터 스포츠 뉴스까지 9시 뉴스를 만드는 편집부장, KBS 뉴스를 총괄하는 보도국장, 그 보도국장에게 전화를 걸어 "극적으로 도와 달라"고 말하는 청와대 수석의 의도대로 보기에는 대중은 너무 똑똑해졌다.

"저는 제 차를 끌고 내려갔는데, MY MBC dmb 방송을 들으면서 내려갔습니다. 거기서는 그랬어요. 전원구조를 했다. 다행이다. 하늘이 도왔다. 전원구조를 할 수 있었던 것은, MY MBC 표현을 그대로 빌린 거예요. 왜 하늘이 도왔냐. 일단 날씨가 그렇게 나쁘지 않았다. 바람도 불지 않고, 비도 안 오고, 파도도 잔잔하고 그렇기 때문에 하늘이 도왔고.…… 한 오후 3~4시부터 논조가 바뀌어요. 제 기억에는. 그래도 그게 다가 아니고 중복 집계가 됐다고 그러면서. 실제로는 이 (기자) 양반들이 하루 종일 정부에서 불러주는 그 기사 가져다가 받아쓰기 했고, 그리고 사람들 질질 짜는 모습이나 내보냈지 한 게 없거든요."

세월호 참사로 숨진 고(故) 박수현 군 아버지 박종대 씨가 2014년 4월 29일 뉴스타파와 했던 인터뷰 중 한 대목이다. 박종대 씨는 중소기업을 다니는 평범한 회사원이었다. 평생 언론에 대해 깊이 연구하거나 공부한 사람이 아니다. 그러나 그는 세월호 참사 이후 언론의 행태를 직접 겪어보고 한국 언론의 진면모를 꿰뚫어 보고 있었다. 한국 언론의 특징이 정부나 기업의 보도자료 받아쓰기고, TV 보도의 단점 중 하나가 문제의 본질은 비껴가고 대신 동정심만 유발하는 것이다.

이명박과 함께 사업을 하다 혼자 감옥에 갔다 나온 재미교포 김경준 씨는 최근 자신의 페이스북에 다음과 같은 글을 남겼다.

"자신들이 대단하다고 착각하시는 기자님들, 게을러 취재 노력하긴 싫으면서도 증거 안 준다고 찡찡대는 분들. 난 당신들 회사가 흥행적 기사나 하나 쓸 수 있게 존재하는 도구가 아닙니다. 진실을 밝히겠다? MB, 박근혜 눈치 보기에 바빴던 분들이 무슨 진실을 밝혀?"

여기에 틀린 말이 있는가? 김경준 씨의 말대로 게을러 취재하기 싫어하고, 흥행적 기사나 쓰려하고, 취재원을 도구로 이용하고, 권력 앞에서 숨 죽였던 게 한국 언론이다. 한국 언론사들은 지금도 크게 달라지지 않았다. 다만 달라진 것은 한국 언론을 둘러싼 환경이다.

21세기는 인터넷의 시작과 함께 열렸다. 닷컴 버블이 유행어가 됐고, 인터넷으로 전 세계가 이어졌다. 문자만 읽고 쓸 수 있다면 사람들이 정보를 교환하고 소통하고 교감하는 데는 아무런 장애가 없게 되었다. 언론사를 차리는 일도 쉬워졌다. 블로거가 성행했고, 1인 미디어도 생겨났고 무엇보다 SNS가 보편화되었다. 노트북 컴퓨터와 카메라와 휴대폰만 있다면 방송사도 차릴 수 있다. 최소 수천억 원이 들었던 방송사 설립비용은 최소 몇백만 원으로 작아졌다. 나꼼수도, 미디어몽구도, 뉴스타파도 모두 인터넷이라는 기술이 있었기에 가능했다.

인터넷이 일반화되고 사람들이 인터넷 포털을 통해 뉴스를 소비하기 시작하면서 언론사들은 자신들이 가진 가장 큰 권력인 '편집권'이 주먹에서 모래가 빠져나가듯 점차 사라지고 있다는 것을 깨달았다. 신문사는 공간, 즉 지면의 배치를 통해 편집권을 향유한다. 신문 1면 좌상단부터 시작해서 독자가 가장 먼저 눈길이 가는 곳에 자신들이 노출시키고 싶은 기사를 배치한다. 사람들의 눈길이 가장 많이 가는 공간의 채움을 통해 '이걸 봐라'라고 말하는 것이다.

방송사는 시간의 할당이 편집권이다. 9시 뉴스에 첫 번째 꼭지부터 다섯 번째 꼭지까지는 '이건 중요하니 꼭 봐라'라는 뜻이고 20분 정도가 넘어가면 타 채널로 돌아갈 것을 우려해 멧돼지가 도심에 출몰했다는 가십성 연성 뉴스로 시청자를 붙들어 매려 한다. 60분짜리 다큐멘터리도 같은 맥락의 말이 10분 정도마다 한 번씩 다른 형식으로 나온다. 그것은 PD가 '이게 이 다큐의 주제이니 놓치지 말고 들으라'고 반복해서 이야기하는 것이다.

그런데 이런 언론사 고유의 권력이 무너지고 있다. 소비자들은 이제 언론사가 편집한 대로, 언론사의 의도대로 뉴스를 읽지 않는다. 지방에 거주하는 60~70대 노인 등을 제외하면 9시 뉴스를 처음부터 끝까지 방송사 뜻에 맞춰 보는 사람은 이제 거의 없다. 신문을 배달받아 지면을 펼쳐놓고 읽는 시민들도 이제 흔치 않다. 많은 사람들이 뉴스를 낱개로 소비한다. 네이버나 다음 등 인터넷 포털에 뜬 뉴스를 체크하고 자신의 페이스북이나 트위터, 카카오톡에 올려진 정보를 보는 식이다. 그만큼 신문이나 뉴스에 소비하는 시간은 적어졌다. '내가 편집해서 정하는 게 중요한 뉴스다'라고 자부하던 언론사의 편집권은 이제 대다수 도시의 소비자들에게는 오래된 유물일 뿐이다. 신문은 물론이고 TV마저도 언론학계에서 구매체(old media)로 불리기 시작한 것도 오래되었다.

지난 수십 년 동안 한국의 정치상황은, 수년의 특별했던 시기를 제외하고는, 구매체들에게 매우 유리한 상황이었다. 프랜시스 베이컨의 "지식이 힘"(Knowledge is power)이라는 말처럼, 지식과 정보는 권력이었다. 그런데 정보의 독점화 현상이 무너지고, 언론의 유일한 권력이라고 할 수 있는 편집권도

형해화되면서 언론은 대중에게 서서히 자신들이 향유하던 권력을 내주고 있다. 내줄 수밖에 없는 상황이다.

편집국장이 향유하던 편집권은 '가장 많이 읽은 기사' '가장 인기 있는 기사' '20대에게 가장 인기 있는 뉴스' 등이 되어 그 권한이 독자들에게 넘어갔다. 독자들은 신문사 편집국장이 정해놓은 순서가 아니라 '자신들이 읽고 싶은 순서대로' 또는 '남들이 좋다고 하는 기사의 순위'를 보며 기사를 읽어간다.

언론사의 편집권이 약화되었다는 것은 곧 언론사가 사회에 끼치는 영향력 가운데 가장 큰 힘, 즉 어젠다 세팅(agenda setting)의 힘이 작아졌다는 것을 의미한다. 편집권을 통해, 지면의 배치와 시간의 배열을 통해, 이것이 중요하다고 손가락으로 가리키면 대중은 그에 따라 그 방향으로 움직이면서 여론이 조성되었다. 소비자가 언론이 원하는 대로, 정해놓은 편집의 방식대로 언론사의 제품인 보도와 프로그램을 소비하지 않으면 언론사의 어젠다 세팅력은 약화될 수밖에 없다.

게다가 지식인이나 전문가들이 SNS를 통해 직접 대중과 소통하고, 시민들은 '#그런데 최순실은?' 또는 '#그런데 다스는 누구 겁니까'와 같은 해시태그를 통해 SNS를 완벽히 자신들의 어젠다 세팅을 위한 스피커로 활용하고 있다. 과거 지상파와 소수 신문들이 정보를 독점하고, 이를 한 방향으로 전달하던 시대는 끝났다. 정보는 네트워크형으로 복잡하게 확산되고, 물론 소음같은 뉴스들이 중요한 정치적 의제를 잡아먹기도 하지만, 시민들의 정치적 의제가 소음같은 뉴스들을 압도하기도 한다. 독자와 시청자는 정보의 소비자에서 비평가이자 생산자로 급격히 진화하고 있다. 이런 독자나 시청자의 변화는 기자들에게 큰 영향을 미치고 있다. 인터넷이라는 새로운 기술이 독자나 시청자들의 행태 변화를 낳았고, 독자나 시청자들의 변화에 따라 공급자인 기자들의 문화도 변화하고 있다. 이는 이들의 기사 형식에도 드러나고 있다.

20세기 한국 언론의 기사는 대부분 모든 것을 자신들이 다 안다는 듯한, 자신들은 완벽하게 객관적이라는 듯한 3인칭 전지적 작가 시점이었다. 지금은 인터넷과 블로그, SNS의 유행과 결합하며 1인칭 시점이 자주 등장한다.

"이른바 알현의 순간, 긴장감이 절로 찾아오더군요. 제 차례에 교황에게 다가가 한국 방문에 대한 감사의 말씀을 드렸는데 교황은 고맙다며 한 마디 한 마디 진지하게 들어줬습니다. 교황과 심장을 맞댄 순간 긴장은 저 멀리 사라지고 포근함만이 긴 여운으로 남았습니다."

2014년 8월 4일 SBS 8시 뉴스 중 한 대목이다. "긴장감이 절로 찾아오더군요"나 "포근함만이 긴 여운으로 남았습니다"에서 보듯 과거의 방송 뉴스와는 달리 지상파 방송사의 메인 뉴스 기사도 어투가 자연스러워졌고 기자 자신의 느낌을 1인칭으로 말한다. SNS의 글쓰기 경향을 닮아가고 있는 것이다. 이렇게 객관적인 3인칭(한국 언론의 3인칭은 대개 위선적 3인칭이었지만)이 솔직한 1인칭으로 변하면서 기사는 도리어 정직해졌다. 소비자가 기사의 진위를 파악하기 쉬워졌기 때문이다. 이는 공급자인 기자가 객관적인 척하는 3인칭 뒤에 숨기 점점 힘들어지고 있다는 것을 의미한다.

소비자는 정직한 기사에서 공감을 느끼고 있다. 계몽적으로 타인을 설득하기 위한 논리보다 기사를 읽는 공동체와의 공감이 중요해졌다. 팩트 발굴 못지않게 팩트를 어떻게 전달하느냐가 중요해진 것과 같은 맥락이다. 바야흐로 한국 언론도 좌뇌의 시대에서 우뇌의 시대로 가고 있는 것이다.

이렇게 되면 위선이 점차 사라질 수 있다. 많이 배우고 지식을 독과점한 사람들은 덜 배우고 정보가 부족한 사람들을 위선적인 논리로 속일 수 있을지는 모르지만, 거짓 감성으로 대중을 속이기는 쉽지 않다. 언론의 지형은 점점 대중에게 유리하게 변하고 있지만 여전히 대중은 자신들이 약하기만 한 존재이고 언론사는 거대하고 크나큰 권력이라고 생각한다.

한국 언론의 상황이 갑갑한 사람들은 사실 파업이 한창인 KBS의 새노조나 언론노동조합 MBC 본부의 언론인들뿐 만이 아니다. 또 자각하고 깨어있는 2040만이 아니다. 자신들의 미래가 막막한 사람들은 새누리당의 후신인 자유한국당, 〈조선일보〉, KBS나 MBC의 경영진도 마찬가지다. 아니, 더 조급해하고 있을 수 있다.

자유한국당은 어버이연합같은 사이비 보수단체와 뜻을 같이 하는 사람들이나 경북 지역 민심을 제외하곤 유권자들 가운데 강력한 지지세력을 찾기가 어렵다. 이들이 사라지면 당도 함께 분해될 지경이다. 어떻게든 이들의 지지는 끌어안고 가야 하는데 어버이연합을 비롯한 한국의 노인 세력은 이미 많은 사람들, 특히 젊은이들의 눈에는 비상식적 사람들로 각인되었다. 확장이라는 측면에서도, 당의 역동성이라는 측면에서도, 당의 미래라는 측면에서도 극우 장·노년층의 이미지가 그대로 당에 투사되는 현상은 바람직하지 않다. 박근혜 후보가 대통령이 된 2012년에 당의 측근들이 "후보 반경 10미터 내에, TV 카메라가 비추는 곳에 노인들 앉히지 말라"고 조언했던 것도 같은 이유다.

〈조선일보〉는 박근혜·최순실 게이트 관련 특종도 수차례 했지만 독자들도 많이 잃었다. 2016년 가을과 겨울, 〈조선일보〉 앞에는 노인들의 1인 시위가 끊이지 않았다. 노인들은 1인 시위를 하면서 〈조선일보〉가 김무성을 밀기 위해 대통령을 밀어내고, 나라를 어지럽히고 있다고 비난했다. '태극기 집회'에서는 "〈조선일보〉에 구독료를 절대 주지 말자"고 외치는 할아버지들이 무더기로 등장했다. 디지털혁명시대에 들어선 '언론사' 〈조선일보〉가 미래 비전을 통해 앞으로 나아가기는커녕, 노인에만 주로 의존하는 자신들의 독자 기반을 그대로 노출시키면서 젊은 이들과 노인들에게 동시에 '나쁜 신문'이라고 손가락질을 받는 상황이 지난 탄핵정국이었다.

KBS도 다를 바가 없다. 여전히 방송사 메인 뉴스 가운데 가장 높은 시청률을 구가하고 있지만, KBS의 시청자층은 지역에 사는 60대 안팎의 노인들이 주류를 이룬다. 방송사가 소구하고 싶은 계층은 대도시 지역의 소비 성향이 높고, 트렌드를 선도해가는 2030세대지만 이들이 지상파 방송, 특히 KBS에 대해 갖고 있는 일반적 믿음은 '늙은 채널'이다. 그렇다고 기존의 포지셔닝을 내팽개치고 개혁적이고 자유롭고 젊게 채널 이미지를 바꾸기 위해 젊은이들 위주의 보도와 프로그램을 편성하기도 힘들다. 거기에 따르는 후폭풍이 만만치 않을 것이다. 시청률은 오히려 떨어질 가능성이 크고, 새로운 보도나 프로그램이 정착하기도 쉽지 않다.

KBS 메인 뉴스의 시청률은 높지만 그 메인 뉴스에 나오는 개별 기사들이 인터넷에서 널리 퍼지는 경우는 드물다. 뉴스타파를 비롯한 어지간한 인터넷 매체들의 개별 기사에 대한 페이스북의 좋아요 숫자는 수천 개, 공유횟수는 수백 개에 이르지만 KBS 9시 뉴스에 나온 개별 기사들은 인터넷 세상에서는 존재감이 제로에 가깝다. 세계의 모든 기성 언론사들(Legacy Media), 구매체들(Old media)이 〈조선일보〉나 KBS와 같지는 않다. 미국 〈뉴욕타임스〉는 혁신 리포트를 통해 여전히 디지털 세상의 강자로서 군림하고 있고, 영국 BBC의 인터넷 기사들은 전 세계로 퍼날라진다. '좋아요' 숫자가 수천 개가 아니라 수만 개인 기사들도 부지기수다. 젊은이들이 주로 찾는 인터넷 미디어가 따로 있는 것도 사실이지만, 한국처럼 젊은이들에게 철저히 버림받는 기성 언론도 흔치 않다. 과연 KBS나 〈조선일보〉는 언제까지 지금 이대로의 이미지로 생존할 수 있을까? 회의적이다. 정상적인 자본주의 경쟁관계에서는 불가능하다. 정치적 유착, 담합을 통한 자리 보존, 즉 보신이 아니라면 답이 없는 상황이다. 이런 상황에서는 결코 성장이나 발전을 꾀할 수 없다. 답답한 것은 그들도 마찬가지다.

2~3년 전만 해도 많은 젊은이들은 이렇게 생각하지 않았다. 그동안 전해 내려온 누적된 사고방식 때문이다. 뉴미디어(New Media)의 세상은 이제 막 시작되었기 때문이다. 나는 대학이나 시민단체 등에 강연을 나갈 때마다 꼭 물어보는 게 있었다. 이 순서로 물었다.

"한국에서 가장 영향력 있는 언론사는 어디라고 생각하시나요?"

그럼 이런 대답이 10명 중 7~8명은 된다.

"KBS요. 〈조선일보〉요."

다시 묻는다.

"그럼 어제 KBS 뉴스를 처음부터 끝까지 본 사람 손들어 보세요?"

없다.

"최근 일주일 동안 한 번이라도 처음부터 끝까지 본 분?"

없다.

"최근 1년 동안에는?"

없다.

"그럼 KBS 뉴스나 〈조선일보〉 기사 가운데 최근 여러분에게 영향을 미친 보도, 아무거나 기억나는 것 있다면 말해보세요."

잘 하면 겨우 한두 개 나온다. 어떻게 내가 잘 보지도 않는 신문사나 방송사가 나에게 영향을 미칠 수 있을까? 영향력이란 그걸 보면서 내 생각이나 행동이 바뀌는 것을 의미한다. 보지도 않았다면 영향력은 제로다. 다만 이들은 이렇게 생각하고 있었던 것이다. '나는 잘 보지 않았지만 아마도 남은 봤을 것이다' '내가 아닌 타인들은 그 언론사들로부터 영향을 받았을 것이다'라고 믿고 있었던 것이다.

언론의 권력은 빠르게 이동하고 있다. 〈시사저널〉 '2017 누가 한국을 움직이는가' 전문가 설문조사 결과 언론매체 분야에서 JTBC가 영향력·신뢰도·열독률 부문 모두 1위에 올랐다. 세 분야 모두 1위에 오른 것은 JTBC가 최초다. 지난해 최순실·박근혜 게이트 보도에서 발군의 실력을 뽐낸 이후 JTBC를 중심으로 언론 구도가 재편되고 있는 것이다. '가장 영향력 있는 언론인' 순위에서는 손석희 JTBC 보도담당 사장이 지목률 85.2퍼센트로 압도적인 1위를 차지했다. 85.2퍼센트면 거의 '당신만 믿는다'는 수준이다. 김어준이 2위인 3.7퍼센트, 〈조선일보〉 김대중이 2.8퍼센트로 3위, 〈시사인〉 주진우가 2.8퍼센트로 4위, 유시민이 2.3퍼센트로 5위였다.

　JTBC 손석희 사장은 뛰어난 진행자이고 앵커지만 현장 경험은 많지 않다. 팩트를 직접 찾아 발굴하는 기자가 아니라 정리하고 요약하고 질문을 던지는 사람이다. JTBC에 들어가서는 기존의 정형화된 뉴스의 형식도 파괴했다. 짧은 리포트를 틀어주고, 이를 다시 기자가 나와 설명하거나 전문가들의 분석을 듣는다. 기사의 꼭지수를 줄이는 대신 기사의 형식을 다변화시켜서 특정 이슈를 최대한 친절하게 설명하려는 노력을 기울였다. '앵커브리핑'은 자주 감성적이고, 클로징에는 팝송이 흘러나온다. 논리적인 뉴스는 물론이고 시청자와 교감하는 진행을 위해 노력하고 있는 것이다. 김어준도 마찬가지다. 기자나 PD가 아니지만 특유의 통찰이 있다. 논리적으로 추리하고 맥을 짚어내는데 일가견이 있다. 대단한 팩트를 직접 발굴한 것도 아니고, 가끔 실수도 하지만 사람들은 그의 실수에는 관대하다.

　5위권에 오른 유시민은 지식 소매상이고 작가다. 만약 〈시사저널〉이 이 설문조사 항목에 김제동을 넣었다면 김제동도 '가장 영향력 있는 언론인'의 10위 내에 들어갔을 법하다. 작가 이외수나 공지영은 또 어떤가? 청와대 민정수석이 되기 전 조국 서울대 법대 교수도 자신의 SNS 계정을 통해 언론인으로서의 역할을 훌륭히 하지 않았던가?

　독자나 시청자들이 언론으로부터 무엇을 원하는지 알 수

있는 대목이다. 개인이 중요해졌다. 스타가 중요해졌다. 누가 언론인인가에 대한 논쟁이 불필요해졌다. '언론사'의 존재가 꼭 필요한 것인가에 대한 해석도 달라지게 되었다. 비슷한 뉴스만 생산하는 수십 개의 회사보다는 다른 뉴스나 다른 관점을 전해주는 스타가 된 '일반인'들에게 더 신뢰를 보내고 있는 것이다. 언론사 입장에서는 자신들이 고용한 기자나 PD들이 '프로'라면 김어준이나 유시민은 '아마추어'다. 프로와 아마추어들이 골프 시합을 하는 프로암대회에서 아마추어들이 프로들을 완벽히 짓누르고 있는 형국이다. 김어준이나 유시민 한 개인의 영향력이 한국에 있는 99퍼센트 언론사들의 영향력을 모두 합친 것보다 커졌다.

구매체의 권위는 급속히 파괴되고 있다. 이들이 변하지 않는다면 이들의 생존을 지탱시키고 있는 것은 정치·행정·경제 권력과의 유착뿐이다. 과거의 역사와 라이선스가 부여해 준 커다란 스피커뿐이다. 뉴스는 없이 소음만 키우는 스피커, 그 소음이 가득 찬 스피커로 진짜 뉴스를 덮으려고 하지만 그마저도 여의치 않아지고 있다.

## 2

## 맹목적 애국주의에서 벗어난 시민들

한국인들이 해외여행을 자유롭게 다니기 시작한 것은 1989년 1월 1일부터다. 그러니까 30여 년 전만 해도 한국인들은 공무원들의 공무 등을 제외하곤 관광 목적의 출국을 못했다는 말이다. 일반 국민이 해외에 나가는 경우는 기업 출장, 학생 유학, 해외 취업 등으로 제한되었다. 해외여행 자유화 조치 이전에는 여권만 있어도 특별대우를 받았다. 광복 이후 1980년대까지 순수 목적의 해외여행, 즉 다른 나라를 구경하러 가는 한국인에게는 정부가 아예 여권을 발급하지 않았기 때문이다. 지금의 북한 상황과 비슷했다고 보면 된다. 당연히 한국인 일반의 세상을 보는 눈은 좁고 폐쇄적일 수밖에 없었다. 하지만 국가기록원에 따르면 해외여행이 자유화된 이후에도 해외여행을 하는 사람들이 반드시 통과해야할 '다소 경직된 과정'이 있었다. 바로 반공교육이었다.

당시 여권 신청자는 한국관광공사 산하 관광교육원, 자유총연맹, 예지원 등에서 수강료 3,000원을 내고 하루 동안 소양교육을 받아야 했다. 해외에서의 한국인 납북 사례와 조총련 활동 등에 관한 안보교육 등을 받고 교육필증을 제출해야 여권을 손에 쥘 수 있었다.

해외로 나가보니 달랐다. 무엇보다 자유로웠다. 전자제품도 한국보다 더 쌌다. 일본에 가면 '워크맨'을 사오는 게 유행이었고, 미국에 가보니 한국 TV는 절반 값이었다. 최근에는 인터넷이 발달하니 해외직구를 통해 원하는 상품을 싸게 구입하는 소비자들이 급증했다. 수십 년 동안 정부의 산업보호정책에 기대어 독과점으로 성장한 한국 제조업체들, 유통기업들의 폭리를 알게 되었기 때문이다.

박근혜 정부에서 시작한 '한국판 블랙프라이데이'는 큰 호응을 얻지 못했다. '한국판 블랙프라이데이 코리아세일페스타'는 2017년에도 열렸고, 언론에 의해 대대적으로 홍보되었다. 하지만 미국처럼 가전제품을 파는 양판점에 새벽부터 길게 줄을 서거나 밤새 노숙을 하는 진풍경은 좀처럼 연출되지 않는다. 왜? 여전히 소비자의 눈높이에는 비싸기 때문이다.

2017년 10월 초, 긴 추석 연휴기간 미국이 삼성전자와 LG전자 세탁기에 덤핑관세를 부과할 것 같다는 소식이 흘러나왔다. 곧바로 한국 언론은 특유의 세금폭탄론과 애국주의를 결합해 사태의 전개 상황을 다음과 같이 전했다.

"미, 삼성·LG 세탁기에 세금폭탄?"
"미 ITC, 삼성·LG 세탁기로 미국 산업 심각한 피해"
"삼성·LG, 미국의 한국산 세탁기 제재 움직임 강력 대응할 것"

미국의 세금폭탄은 부당하고 이로 인해 삼성과 LG 세탁기의 미국 수출길이 막힐 것 같다고 크게 우려하고 있는 것이다. 안보 문제에서는 무조건 미국편을 들어야 하지만, 대기업의 수출 문제에서는 '마음속 우주'인 미국의 틀에서 벗어나는 이유는 대기업들이 한국 언론의 최대 광고주이기 때문이다. 미국 ITC의 덤핑관세 부과 움직임은 미 월풀사의 제소에 따른 것이었으니, 미국 트럼프 행정부가 자국 기업의 편을 들면서 보호무역을 강화하고 한국 기업들의 수출을 제한하려는 의도가 담겨 있다고 보는 것은 일리가 있다. 그러나 언론의 보도만 봐서는 근본적인 궁금증은 여전히 해소가 되지 않는다.

대체 얼마에 세탁기를 팔았길래 미국이 '세금폭탄'을 때리려고 한다는 것일까? 삼성전자와 LG전자의 세탁기가 이런 제소를 당하는 게 이번이 처음인가? 제재를 받는 것이 삼성전자와 LG전자의 브랜드 세탁기인 것은 알겠지만, 그것은 한국 언론에서 보도하는 것처럼 '한국산 세탁기'인가?

이 궁금증을 해소하기 위해 월풀사가 미 정부에 제소한 내용을 살펴봤다. 2017년 3월 31일 월풀사가 제출한 고발장의 일부는 이렇다.

"월풀사는 삼성전자와 LG전자가 미국의 무역법을 지속적으로 교묘히 피해 나가는 상황을 중단시켜달라고 세이프가드 청원을 했다."

3월 말에 신청해서 10월에 공청회를 열기로 했으니 청원에서 공식 공청회까지 6개월 정도 걸린 셈이다. 월풀사에 따르면 삼성전자와 LG전자는 미국에 세탁기를 시장가격(market price)보다 훨씬 싸게 팔았다고 한다. 덤핑을 했다는 주장이다. 그런데 가격을 싸게 한 수법이 상세히 적혀져 있다. 중국에서 들여오는 삼성과 LG 제품이 지나치게 싸서 원산지(country of origin)가 중국산이었던 제품들을 규제하면, 이를 베트남이나 태국산으로 바꿔서 계속 제품을 헐값에 팔더라는 것이다. 월풀사는 제목을 달고 팩트를 열거하고 도표까지 제시하는 등 비교적 세밀한 내용의 보고서를 제출했다. 그 원산지 표시를 보면 아연실색하지 않을 수 없다.

다음 도표는 2012년부터 미국에서 팔리는 삼성전자와 LG전자의 세탁기를 월별로 표시해놓은 것이다. 2012년까지는 원산지가 한국산인 세탁기들이 대부분이다. 그런데 멕시코산이

혼합되기 시작하더니, 2012년 후반기부터는 중국산으로 급격히 바뀌기 시작한다. 그러다가 2016년 가을쯤에는 미국에서 팔리는 삼성과 LG의 세탁기 대부분이 중국산인 것을 도표로 확인할 수 있다. 미국으로 수출하는 '한국산' 세탁기들이 '한국산'에서 '중국산'으로 거의 완전히 대체되는데 불과 4년이 걸리지 않은 것이다. 2016년 가을 이후부터는 수출물량에 베트남산이 또 압도적으로 늘고 있다.

월풀사는 이를 근거로 한국의 전자제품 회사들이 덤핑을 하기 위해서 원산지 표시를 바꿔가며 교묘히 무역법을 어겼다고 주장한 것이다. 그러나 한국 기업들 입장에서는 원가절감

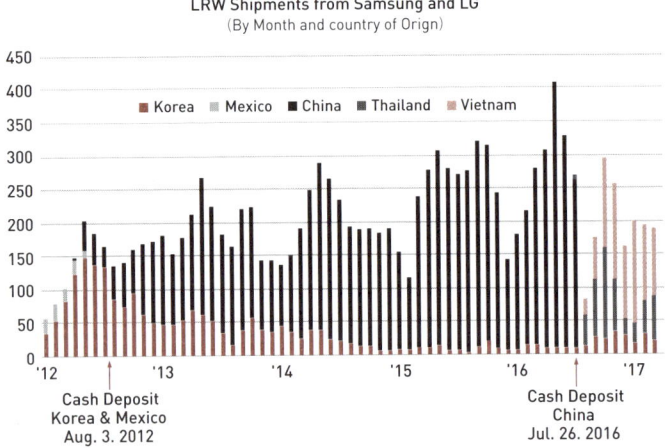

한국의 삼성전자와 LG전자의 월별 원산지 표시. 2016년 가을 이후 미국으로 수출하는 한국 세탁기의 대부분은 이제 '베트남산'이라고 봐도 무방하다.

을 위해 공장을 이전하고, 이전된 공장이 원활히 가동되기 시작하는 시점부터 수출량이 늘어나서 그렇게 보이는 것일 뿐이라고 항변할 만하다.

그런데 한국인 국내 소비자 입장, 한국의 중소기업, 노동자 입장에서는 어떠한가? 이 도표는 한국의 재벌기업들이 자사의 이익을 위해 순차적으로 얼마나 빠르게 타국으로 공장을 이전할 수 있는지, 그렇게 해서 이윤을 창출할 수 있는지를 보여주고 있다. 한국·중국·베트남으로의 이전 경로는 수출 대기업들의 가장 일반적인 공장 이전 경로이다. 한국의 공장들이 모두 중국과 베트남의 값싼 노동력을 찾아 이동하고 있다. 이는 이윤을 추구하는 기업의 당연한 생존전략인가?

언뜻 타당하게 들리는 주장이긴 하지만 한국 대기업들의 역사를 보면 그런 주장은 설득력이 떨어진다. 전쟁으로 완전히 폐허가 된 한국에서 기업들이 경공업, 중공업을 조금씩 발전시켜 나갈 수 있었던 것은 정부의 철저한 보호와 국민의 희생이 있었기에 가능했다. 한국의 작은 기업들이 수출하기 위해 외국 기업들에게 내세울 담보물은 없었다. 1970년대 개발독재 시절 전 국민적 국산품 애용 운동이 벌어지고, 일제 전자제품은 수입이 금지되었다. 국내시장을 독점하면서 덩치를 키우게 하고, 국책은행이 수출금융보증을 서주고, 국가가 저금리로 받은 해외 융자를 특정 대기업들에게만 싼값에 특혜로 대출하면서 성장한 게 한국의 삼성이고 현대차다.

수십 년 동안 그렇게 국가로부터 각종 혜택을 받아 국내 시장을 독과점한 한국의 삼성전자와 현대차같은 대기업들이 수출을 많이 하고 돈을 많이 번다고 해서 한국인들이 마냥 좋아할 수만은 없다는 것이다. 그렇게 성장한 기업들이 지금도 한국에서는 비싸게 팔면서 미국에는 싸게 팔아 한국인들로부터 폭리를 취하고 있다. 국내 소비자 입장에서는 참으로 배은망덕한 노릇이 아닐 수 없다. 국가가 담보하고 국민들이 희생해서 성장한 기업들이 이제 한국 노동력은 비싸니 공장은 다 이전해 버리고, 공장을 이전하면서 한국의 산업단지에 함께 있었던 자신들의 부품 제조사들과 중소기업들까지 중국과 베트남으로 데리고 가버리니 국내 산업이 점점 공동화되고 있는 것이다. 국내 소비자 입장에서는 삼성과 LG의 브랜드를 믿고 '메이드 인 코리아'인 줄 알고 샀는데, 냉장고나 세탁기 안에 있는 부품들 상당수는 중국산이나 베트남산이다. 거기다 제품 가격마저 해외보다 더 높게 받고 있으니 이 역시 여간 얄미운 일이 아닐 수 없다.

나라별로 특정 제품의 가격이 사양에 따라 타당한 것인지를 일일이 확인하기는 힘들다. 대기업들은 나라별로 제품의 모델명과 사양이 다르다고 주장해왔다. 그래서 소비자에게는 동일한 제품처럼 보이지만 그 제품의 가격이 여기는 얼마인데 왜 저기는 저렇게 싸냐고 따지는 게 불가능하도록 만들어 놓았다. 그러나 해외 거주나 여행을 통해 미국 등지에서 전자제품이나 자동차를 사본 경험이 있는 국내 소비자들은 확연한 가격 차이를 느낀다. 미국 ITC의 삼성, LG전자 세탁기에 대한 덤핑 판정이 나올 것 같다는 보도가 나온 시점에 나는 페이스북에 다음과 같은 글을 올려 페친들의 의견을 구했다.

"삼성의 말처럼 미국 소비자들은 삼성이나 LG 세탁기를 못 사서 아쉬울 게다. 싸고 품질이 좋으니까. 그만큼 한국 소비자에게도 싸게 팔고 있는가? 미국 정부가 단일의 합리적 근거도 없이 한국산 세탁기에 과세했을까?

미국에 계시는 페친분들. 양판점에서 삼성이나 LG TV, 세탁기 등이 얼마에 팔리나요? 공식 공장도 가격 말고 거기 유통가격, 세일가격 좀 올려봐 주세요. 한국과 비교하면 아마 한국 소비자들 뒷목 잡을 겁니다. 삼성, LG의 변명은 세부 사양이 다르다일 거구요. 한두 해 문제가 아닙니다."

나도 미국에서 4년 정도 거주하면서 한국산 전자제품이나 자동차가 얼마나 싸게 팔리고 있는지를 경험했다. 때문에 아직도 그렇게 팔리고 있는지 현재 미국에 사는 페이스북 친구들에게 세탁기의 가격을 올려보라고 한 것이다. 삼성과 LG 계열사에 다닌 페이스북 친구들마저도 내 의견에 반대의견을 달지 않고, 말없이 '좋아요'를 눌렀다. 페이스북 친구들의 댓글은 이랬다.

"미국 코스코 가면 가격이 반값도 안 해요. 거기다 문제 있으면 새 것으로 바꿔주던가 돈으로 다시 주고, 하늘과 땅 차이죠. 현대 기아차는 3,000~4,000달러는 기본으로 깎아주고, 그냥 우리 국민만 봉이죠." ― 미국 거주, 한국인

"미국 10년 살면서 우리가 얼마나 기업들 갑질에 박살나며 사는 국민들인지 너무도 잘 알았어요. 그러면서도 세금 깎아주면 돈이나 쌓아놓고 땅 투기나 하고 회사 위험해지면 국민들 혈세 투입해서 다시 잘 먹고 잘 살고. 진짜 재벌들은 잘 먹고 잘 살기 너무도 좋은 나라입니다." ― 미국 거주, 한국인

"제가 삼성 제품 사지 않는 중요한 이유 중 하나입니다. 국내 판매가격과 미국 판매가격에 차이가 없다면 덤핑 판정의 명분이 없어지죠." ― 미국 거주, 한국인

"제품사양 기술적으로 크게 다를 수 없다." ― 한국 거주, 정년퇴직한 경영학과 교수

"그러고도 삼성=한국이라고 세뇌당한 분들은 자나 깨나 삼성 걱정이지요." ― 한국 거주, 언론인

"제가 주로 가전제품을 사는 베스트바이의 미국 세탁기 가격과

한국 세탁기 가격을 비교. 한국 제품이 많이 쌉니다. 기본 30퍼센트는 싸다고 봐야죠. 참고로 기본 사양 LG 세탁기와 월풀사의 가격은 너무 차이가……." ―미국 거주, 한국인

맹목적 애국주의가 힘을 잃어가고 있다. 사람들은 이제 따지고 있다. 이게 진정 한국인 전체를 위한 것인가, 아니면 특정 대기업만을 위한 것인가? 구별하고 식별할 수 있는 정보가 도처에서 쏟아진다.

## 3

## 미국 초등학생 수준
## 영어 구사하는 특파원?

한국 언론의 '위선'과 '허접함'이 네티즌들에 의해 들통 나고, 확산되는 사례들도 많아졌다. 트럼프가 자신의 트위터를 통해 "내가 문재인 대통령과 지난밤에 통화를 하면서, 로켓맨 김정은의 안부를 물었다. 북한에 석유난이 심각하단다. 어쩌냐, 불쌍한 것들"(I spoke with President Moon of South Korea last night. Asked him how Rocket Man is doing. Long gas lines forming in North Korea. Too bad!)이라고 말한 것을 두고 연합뉴스의 워싱턴 특파원은 문재인 대통령이 러시아 가스관 사업으로 북한 문호를 열어보자고 한 것에 대해 미국이 비토의 메시지를 표현한 것이라고 당당하게 해석해 이를 기사화했다. 황당한 기사였다.

트럼프가 이 트윗을 날리고 1시간도 지나지 않아 한 미국인이 "허리케인 어마 때문에 플로리다주 포트마이어스에서는 석유난이 심각한데 트럼프 대통령 당신은 정말 자기 나라 국민은 안중에도 없군요!"(You should have seen the long gas lines here in Fort Myers, Florida after Hurricane Irma. Too bad you don't really care about us!)라고 꼬집어 댓글을 달았다. 기자가 트럼프의 트윗을 확인하고 이런 댓글만 확인했더라도(이 미국인의 댓글은 하루 만에 447개의 리트윗과 4,789개의 좋아요가 눌러졌다) 트럼프가 트윗을 통해 무엇을 의도했는지 정확히 파악할 수 있었을 것이다.

연합뉴스 특파원이 자신의 해석이 정확한 것인 양 기사를 쓰자 〈조선일보〉, 〈한겨레〉, 〈매일경제〉, YTN, KBS 등은 트럼프의 원문 트윗을 보지도 않고 이를 베끼다시피 해서 주요 뉴스로 다뤘다. 미국 어학연수 6개월만 다녀온 대학생도 알만한 미국인들의 영어 표현을 오역한 언론, 그것도 국가기간통신사인 연합뉴스의 워싱턴 특파원의 수준을 많은 한국인들이 알아채게 된 데는 단 하루도 걸리지 않았다.

연합뉴스의 워싱턴 특파원의 보도와 한국 언론의 베껴 쓰기 기사가 출고되자 트럼프의 공개된 트윗을 통해 영어 원문을 확인한 시민들의 조롱과 비난의 댓글이 빗발쳤다. 대통령의 평화적 메시지를 왜곡하고, 한·미간의 갈등이 첨예한 것처럼 보이게 하려 했던 의도가 아니었냐는 비판도 있었다. 연합뉴스는 이후 사과하며 원문을 오역한 실수라고 밝혔지만, 특파원의 허접한 영어 실력과 한미 갈등을 부추기려는 잠재의식이 결합된 '미필적 오보'라 믿는 사람들도 많다.

상당수의 한국인들은 이제 눈치를 챘다. 외국 현지에서 특파원들의 영어 실력을 접해 본 한국인 유학생 등을 통해서, 뭔가 엄청난 실력을 가진 것으로 착각하게 만든 언론사 '특파원'이란 사람들 다수가 사실은 떠듬떠듬 미국 초등학생 말하기 수준의 영어를 구사한다는 사실을 알게 되었다. 특파원 중 상당수가 통역이 없으면 정식 인터뷰를 제대로 소화하지 못한다는 것, 미국 LA 특파원이 보도하는 것이나 한국의 국제부 야근 당직 기자들이 보도하는 것이 기사의 품질과는 전혀 무관하다는 사실을 이제 경험적으로 알게 되었다. 대중이 똑똑해지기 시작하고, SNS 등을 통해 기사보다 정확한 정보를 접하게 되면서 기자들은 심리적으로 점점 위축되고 있다.

기자들은 그렇지 않은 척하지만 실제로는 자신의 기사에 대한 비판글이 인터넷에 올라오고, 이것이 여론화되는 것을 두려워한다. 특히 자신의 기사에 문제가 있었다면 어떻게든 상황을 모면하려 한다. 정부의 8·2 부동산 대책 직후 다음날 연합뉴스에서 반포의 집값이 2억 원 떨어졌다는 기사가 올라오자 나는 페이스북에 다음과 같은 글을 올렸다.

"연합뉴스의 시장 교란 행위는 정말 심각하군요. 제가 어지간하면 수준 떨어지는 한국 언론의 기사들 링크로 걸지 않습니다만, 이 기사는 SBS도 똑같이 받아서서 자사 사이트에 올려놓을 만큼 언론사들이 서로 너도 나도 베껴 쓰고 있어서 사태가 좀 심각하다 싶어 올립니다. 기사를 쓰는 기자님들, 확인해 보세요.

 1. 반포한신 3차에는 기사에 적시된 2억 원 싸게 팔렸다는 168제곱미터의 평형이 존재하지 않습니다. 국토부 실거래가는 전용면적으로 나오고요. 네이버 등 기자님들이 보시는 것에는 주로 공급면적이 아파트 면적으로 나오지요. 그건 아시나요? 그 어디에도 168제곱미터라는 건 존재하지 않아요. 거기서 제일 큰 아파트는 네이버는 공급면적 164라고 나와 있어요. 그거 국토부 실거래가에서 직접 얼마에 거래됐는지 확인해 보세요. 제가 확인해 보니 가장 최근 것이 25억 원 정도도 나옵니다. 기사에서 지칭한 아파트가 이 아파트라면 25억 원에 거래됐던 게 26억 원에 당일에 팔렸으면 이.보.세.요!!! 오히려 1억 원이 오른겁니다.

 2. 그리고 국토부의 부동산 실거래가는 잔금 다 치르고 등기하면서 보통 법무사가 같이 신고해주잖아요. 그러니까 잔금 완납 시점에서 아무리 짧게 잡아도 보통 15일, 한 달은 걸려요. 이게 대체 언제 어떻게 거래된 아파트이길래 정부의 대책이 나오자마자 그 하루만에 계약금과 잔금을 치르고 그날 바로 국토부 실거래가에 등록이 되어 기자님들이 그걸 확인하고 기사를 쓰게 되는 겁니까? 그 엄청난 신공, 저도 좀 배웁시다. 기자 생활 20년 넘게 했지만 그런 희한한 취재기법은 도저히 가늠이 되질 않아요.

어디서 확인한 거에요? 전화로 부동산 업자에게 그냥 흘려들은 말 쓴 것 아니지요? 한국 언론 정말 대책이 없습니다. 정말 한심합니다."

이 글을 페이스북에 올리고 몇 시간 지나지 않아 연합뉴스의 해당 기자로부터 전화가 왔다. 다급한 목소리였다. 연합뉴스 내부에서 당신이 기사를 잘못 쓴 것 아니냐고 물어본다면서 연합뉴스와 정부와의 관계도 있고, 면적이 착오로 잘못 나간 것은 인정하지만 반포에서 2억 원이 떨어진 것은 자신이 직접 취재해 올린 것은 맞다고 변명했다. 내가 "그럼 26억 원에 거래된 계약서라도 확인했느냐"고 묻자 기자는 "어떻게 하루만에 그걸 확인하고 쓰는가, 데일리 뉴스 해봤으니 잘 아시지 않느냐, 내가 그동안 취재를 통해 사귀어 놓은 반포 중개업자의 말이니 정확할 것이다. 그 사람이 내게 거짓말 할 이유는 없다"고 말했다. 그러면서 기사에서 착오로 오기한 해당 아파트의 면적은 추후 고치겠으니 회사에서 오해를 받지 않도록 페이스북의 글을 내려달라고 요구했다.

기자 생활 22년에 동료 기자로부터 제발 페이스북의 글을 내려달라고 요청받기는 처음이었다. 해당 기자는 착오라고 말한 면적을 고쳐서 기사를 다시 올렸지만 나는 페이스북의 글을 내리지 않았다. 다만 기자의 반론을 밑에 달아줬다. 기자들은 일반의 예상보다 독자나 시청자들의 눈치를 많이 본다. 인터넷이 기울어진 언론지형의 운동장을 평평하게 고르는 쟁기가 되고 있는 것이다.

# **4**

## **〈자백〉에는 검사의 얼굴이 나왔다**

 미국탐사보도협회(IRE)에 있으면서 나는 미국인들의 탐사보도 프로그램 수백 편을 볼 기회가 있었다. 그런데 볼 때마다 의아한 점이 있었다. 식기를 제대로 씻지 않고 음식을 손님에게 내놓는 주방장이나 부품을 갈아 끼우지 않았으면서도 자동차에 대해 잘 모르는 여성 고객들에게 비용을 청구하는 자동차 수리공들의 소소한 부조리들을 고발한 미국의 TV 탐사보도 화면에는 나쁜 짓을 한 주방장이나 자동차 수리공들의 얼굴이 고스란히 화면에 나온다. 대개는 몰래 카메라로 찍은 것들이다. 어떻게 몰래 카메라로 찍은 것을, 그것도 사회적 약자로 보이는 사람들의 얼굴마저도 그대로 방송을 할 수 있지?

 미국 언론은 태풍 피해를 당한 주민들에게 구호물품을 전달한 미국 소방방재청 고용 일용직원들 중 성폭행 등의 각종 범죄를 저지른 전과자들이 많았다는 보도를 하면서, 그들의 얼굴과 범죄 사실을 신문 1면에 모두 공개하기도 한다. 의사의 오진 기록은 모두 인터넷에 공개된다. 가령 미주리주에서 오진을 하고 장사가 잘 안되니까 텍사스주로 옮겨 개업한 의사는 자신의 오진 기록을 도저히 감출 수가 없다. 변호사가 의뢰인을 속였다면 그 변호사의 이름과 얼굴이 대문짝만하게 나오는 건 당연하다. 판결을 하면 판사의 얼굴이, 기소를 하면 검사의 얼굴과 이름이 등장한다.

만약 검사가 시민을 잘못 기소해 시민이 억울한 누명을 썼다면 검사의 얼굴과 이름은 한 달 넘게 전국 신문과 방송에 뒤덮일 것이다. 보도 이후에도 시민의 잘못된 기소가 확정 판결되고, 검찰이 그 검사를 해고하지 않는다면 그 검사는 또 미국 언론의 도마 위에 오르게 될 것이다. 부조리를 저지른 정치인들이나 행정 공무원들의 경우는 언급할 필요도 없다. 주 대법원 판사가 자신이 판결을 맡고 있는 사건의 피고측 회사로부터 남몰래 호화로운 리조트 패키지여행을 제공받은 것도 까발려진다. 대법원 판사의 이름, 피고인의 이름, 피고측 회사의 이름과 관계된 리조트의 주소와 상호까지도 정확히 적시된다.

한국은 많이 다르다. 의사가 환자를 성추행해도 익명, 병원의 식품위생 상태가 불량해도 익명, 의원에서 세척하지도 않은 내시경 장비로 환자를 번갈아 검사해도 익명이다. 상호는 모자이크로 처리되고 의사의 이름은 절대 나오지 않는다. 해당 의사나 병·의원이 어디인지, 아직도 영업을 하고 있는지 알 길은 없다. 다음에 저런 곳에 가지 않으려고 해도 가지 않을 수 있는 뾰족한 방법이 없는 것이다. 그저 운에 맡겨야 한다. 심지어는 검사가 무고한 시민을 잘못 기소한 것이 확인되어도, 검사의 이름과 얼굴을 방송이나 신문에 내기를 꺼려 한다. 판사가 증거 없이 무고한 시민에게 징역형을 선고해도 마찬가지다. 전두환 독재시절 학생과 시민들을 고문했던 많은 수사관들의 이름이 공개된 적은 없다.

세월호 참사같은 큰일을 겪었음에도 행정부의 누가 선주사들의 이익단체인 해운조합에 선박안전점검에 관한 권한을 넘긴 것인지 알 길이 없다. 한국의 방송사들이 방송 화면에 늘 비추는 것은 정부 청사의 어떤 건물과 음성변조된 어떤 공무원의 목소리지, 그렇게 일처리를 한 공무원 개인이 이후 어떤 책임을 졌는지, 오히려 승진을 했는지 사회적으로 감시할 기회는 주지 않는다. 미국처럼 식당 주방장이나 자동차 수리공이 아니라 누가 봐도 명백한 공인인 공무원, 검사들의 실명 내기도 망설이는 겁쟁이 언론이다.

권력에 대한 두려움 때문이다. 그렇게 판·검사들이나 공무원 이름을 내는 것은 '한국적 정서'가 아니라고 점잖게 충고하는 선배들이 뒤에 있었기 때문이다. 검찰에 출입하면서 검사들과 술 마시는 사이였는데 이름 하나 빼주는 것은 인간적 의

2012년 발생한 '서울시 공무원 간첩조작사건'에 관해 당시 사건을 담당한 이문성, 이시원 검사에게 질문하는 최승호 전 PD.

리이자 정이라고 착각하고 있기 때문이다. 말 잘 듣는 강아지처럼 순치되어 온 게 한국 언론이지만, 오히려 기자들은 자신들이 권력자를 봐주는 줄 알고 있다. 그게 자신의 고유한 권한이라고 스스로를 기만해 왔다.

그 둑이 점점 무너지고 있다. 담당 검사들의 실명이 박힌 기사들이 많아지고 있다. 최승호 전 PD는 뉴스타파와 영화 〈자백〉을 통해 이른바 '서울시 공무원 간첩조작사건'의 피해자 유우성 씨에게 간첩 누명을 씌운 이문성, 이시원 두 담당검사의 얼굴과 이름을 공개했다. 검사, 그것도 간첩사건을 담당하는 공안사건 검사를 상대로, 그것도 재판이 진행되는 중에, 지속적으로 질문하고 해당 검사들의 자가당착적 답변을 얼굴과 실명을 그대로 드러내어 보도한 경우는 한국 언론사 초유의 일이었다. '간첩'이라는 단어에 잠재된 한국인의 공포, 근엄한 검사님의 권위가 한순간에 무너진 사변이었다.

이런 사례들이 자주 나와야 한다. 일반화가 되어야 한다. 뉴스타파 같은 인터넷 매체에서뿐만 아니라 지상파 TV도 이렇게 취재하고 보도해야 한다. 아무 일도 일어나지 않았다. 그 정도의 언론자유는 존재한다. 게다가 정권도 바뀌지 않았는가? 오랜 굴레를 벗어던지고 언론의 자유를 확장시키는 언론인들이 하나둘씩 늘어나고 있다.

## **5**

## **뉴스타파**

2012년 초, 당시 YTN 해직기자였던 노종면, KBS 박중석, MBC 해직 PD였던 이근행과 MBC 박대용 기자 등이 시작한 뉴스타파가 5년 넘는 시간을 버텨낼 수 있을 것이라고 생각한 사람이 있었을까? 처음 서울시 중구 프레스센터에 있는 전국언론노동조합 사무실 한켠에서 이 일을 도모했던 박중석도, 맥북 컴퓨터 한 대로 첫 후원회원의 빗장을 열어준 소설가 공지영도 뉴스타파가 50명의 인력을 고용한 인터넷 방송매체로 법인화되어 유지될 수 있으리라고는 상상하지 못했을 것이다. 뉴스타파는 김용진 전 KBS 탐사보도팀장을 대표로 영입해 박근혜 정부가 출범했던 2013년 그해 초, 비영리민간단체이자 인터넷 언론사로 법인화됐다. 법인명은 한국탐사저널리즘센터(KCIJ)다.

2012년 여름, 뉴스타파가 후원회원을 본격적으로 받기 시작하고 그해 12월까지, 정확히 말하면 그해 대통령 선거일 전까지 뉴스타파의 후원회원은 불과 8,000여 명 남짓했다. 그런데 대통령 선거에서 박근혜가 당선되자 이에 절망한 시민들이 언론개혁에 눈을 돌렸다. 불공정한 언론 때문에 선거에서 졌다고 판단한 것이다. 선거일 당일부터 약 한 달 동안, 뉴스타파의 후원회원 수는 폭발적으로 증가해 2013년 초에는 정기 후원회원만 2만 명을 훌쩍 넘어섰다.

시민들은 대체 뉴스타파로부터 무엇을 바랐던 것일까? 대통령선거에서 졌다는 억울하고 분한 마음에 뉴스타파 후원을 통해 대리만족이라도 느껴보려고 했던 것인가? 후원회원들은 대체 어떤 사람들일까? 만약 뉴스타파가 민주당의 비리를 보도하면 이들은 다 훌쩍 떠나버리지는 않을까? 참여연대나 경실련처럼 오랫동안 시민단체로서 훌륭한 활동을 해온 곳도 회원수가 3만 명에도 미치지 못하는 수준인데, 기업이나 정부, 공공기관의 돈을 한 푼도 받지 않고 시민들이 매달 내는 십시일반 정기후원금만으로 아무리 조그마한 방송사라고는 하지만 지속적 운영이 가능할 것인가?

그런 우려 섞인 시선에도 불구하고, 2013년 법인화 이후 뉴스타파의 정기후원 회원은 꾸준히 증가하고 있다. 물론 가끔 큰 폭의 회원 감소도 경험했다. 2014년 국회의원 재보선에서 새정치민주연합 후보로 나선 권은희 당시 후보가 부부 합산 재산이 5억 8,000만 원이라고 선관위에 신고했지만, 실제로는 권 후보의 배우자가 수십억 원대 상당의 상가 지분을 보유하고 있다는 사실 보도로 기천 명의 회원이 빠져나갔다. 2017년 대통령 선거 당시 각 후보들에게 불거진 의혹들에 대한 팩트 체킹 보도를 하면서도 회원수 급감을 경험했다. 그럼에도 2017년 이 글을 쓰는 현재, 뉴스타파의 정기 후원회원 4만 1,000여 명에 이른다. 4만 1,000여 명이 지금 당장의 정기 후원 회원이란 말이고, 그동안 뉴스타파에 한 번이라도 후원을 했던 사람들의 숫자, 즉 연인원으로 따진다면 족히 수십만 명이 넘는다. 아직도 새롭게 정기후원회원으로 가입하는 사람들이 매일 20명 안팎이다.

선진국도 이런 사례는 없다. 시민단체 성격의 탐사보도기관에 적게는 몇백만 달러, 많게는 수억 달러씩 소수의 부자 기업가 등이 기부해서 재단을 만든 경우는 종종 있다. 거액의 돈에서 나오는 이자와 원금의 일부로 언론활동을 계속해가는 경우는 여럿 있었지만, 뉴스타파처럼 시민들의 정기후원금만으로 운영되는 조직은 아직까지 해외에서도 찾아 본 적이 없다.

지난 5년 동안 내가 만난 뉴스타파 회원들은 평범한 시민들이었다. 회사원, 공무원, 중소기업인, 학생, 교수, 목사, 노동자, 공기업 직원, 대기업 직원, 가수, 영화감독 등 직업으로 모두 분류하기에는 너무나 다양한, 우리가 주변에서 항상 마주

칠 수 있는 이들이 대부분이었다.

　그들의 후원 이유는 다 제각각이었고, 그들의 언론관도 정확히 일치하지는 않았다. 언론에 대해 박식한 사람들도 있었지만, 언론의 속성을 잘 이해하지 못하는 분들도 많았다. 그런데 그런 사람들이 한 달에 한 번쯤 모여 함께 뉴스타파를 보고, '뉴타'의 보도에 대해 이야기하고, 우리 사회에 대해 이야기하고, 자기 자신에 대해 이야기하는 것을 듣노라면 자주 눈물이 났다. 이게 시청자와 교감하는 것이구나 라는 생각, 이런 게 내가 그리워하던 사람들의 모임, 아무런 이해관계도 없지만 공통된 뜻을 함께 하는 것만으로도 느낄 수 있는 공동체같은 것이구나 라는 생각에 스스로 감동했기 때문이다.

　뉴스타파의 후원회원이 4만 1,000여 명이고 스탭 조직까지 전체인원이 50명으로 성장했다고 하지만 조직의 규모나 예산을 대형 방송사의 그것들과 비교해보면 전혀 상대가 되지 않을 만큼 아직 작은 것은 사실이다. KBS에서 다섯 편짜리 연중 기획 다큐멘터리를 제작하는 비용이 뉴스타파의 1년 예산과 비슷할 것이다. 그러나 후원회원의 숫자가 늘어나고 뉴타의 구성원 숫자가 계속 늘어나 뉴스타파가 대형 방송사가 되는 것이 꼭 좋은 일인가는 다시 생각해봐야 할 문제다.

　관권, 금권과 유착해 갈수록 덩치를 키워가며 소수의 대형 언론사들이 한국 사회에 어떤 일을 하고 있는가? 뉴스를 명분으로 실제로는 각종 소음만 내뱉고 있다. 그렇게 한국인의 마음을 되려 혼란하게 함으로써 자신의 잇속을 차리고 있다. 그런 소수의 대형 언론사보다는 수백, 수천의 뉴스타파가, 변절되지 않고 초심을 지킬 양심 있는 개별적 언론인들이, 소외된 약자들의 억울한 목소리를 묵묵히 카메라에 담고 있는 미디어몽구가, 어떤 법조인보다 더 훌륭하게 민주시민의 헌법적 권리를 연설했던 김제동이, '살인범' 누명을 썼던 사법 피해자들을 위해 '재심 프로젝트'를 진행하는 박준영 변호사나 박상규 기자가 더 한국 사회에 선한 영향을 끼치고 있는 것은 아닐까? 그들의 활동이 유지될 수 있다면, 그게 한국의 독자나 시청자들에게는 더 좋은 일이 아닐까라는 생각이 든다. 그렇게 그냥 소통하고 그렇게 그냥 공감한다면 그게 바로 좋은 언론인 것이다. 한국은 이제 막 좋은 나라가 되어가고 있는 것이다.

# 6장

# 한국 언론 오도독

* 이 장은 KBS 홈페이지에 연재하고 있는 칼럼 〈한국 언론 오도독〉에서 발췌한 내용으로, 책의 주제를 포괄하는 실질적인 사례를 담고 있다.

# 1

## 기계적 중립은 '사기'다

언론은 중립적인 '척'할 수 있는 수많은 잔기술들을 터득하고 있다. 몇 가지 사례들을 들어보자.

헤리티지재단이라는 곳이 있다. 미국의 보수적 싱크탱크이다. 재단 홈페이지에 스스로 자신들의 사명은 "보수적 공공정책을 수립하고 증진하는 곳"이라고 되어 있다. 그래서 지상파 방송사나 신문사 등 대부분의 언론사들은 헤리티지재단을 인용할 때면 "미국의 보수적 싱크탱크"라고 말한다. 그런데 〈조선일보〉는 이걸 자주 빠뜨린다. 2019년 1월 2일 북한 김정은 위원장의 신년사가 나온 뒤 보도에서도 그랬다. 그냥 헤리티지재단의 연구원이라고 소개했다.

이유는? 헤리티지재단을 보수적인 싱크탱크라고 소개하면 〈조선일보〉가 객관적인 '척'할 수 없기 때문이다. 그냥 미국의 싱크탱크라고 소개해야 자신들이 객관적으로 보인다는 걸 잘 알고 있기 때문이다. 이러면 진보적인 싱크탱크의 분석을 따로 소개할 필요도 없다. 독자는 중립적이고 객관적인 미국의 싱크탱크가 북미관계를 분석한 것으로 착각한다. 이처럼 보수적인 곳을 보수적이라고 미리 알리지 않는 것은 독자들을 기망하는 행위이다. 한마디로 속이는 것이다. 인터뷰이의 핵심 정보를 누락함으로써 자신의 독자들이 오히려 객관적으로 진실을 보지 못하도록 방해하는 꼴이다.

이해관계 당사자를 전문가로만 소개하는 것도 비슷한 기법이다. 물론 자본주의 사회에서 이해관계 당사자들이 전문가일 경우가 많기 때문에, 피치 못해서 이들을 언론이 인터뷰이로 활용할 경우가 잦아지고 있다. 만약 그렇다면 더욱 더 이들이 어떤 이해관계에 놓여 있는지를 알려주는 게 독자나 시청자들이 상황을 '객관적으로' 이해하는 데 도움을 준다. 그런데 우리나라 언론은 자기들만 객관적으로 보이면 그뿐이다. 그래서 부동산 투자자문을 하거나 시행업 또는 땅장사까지 겸하고 있는 부동산 업계의 이해 당사자들을 불러 정부의 정책을 평가하게 한다. 투기꾼이 투기 규제정책을 객관적으로 평가할 수 있겠는가?

인터뷰를 똑같은 양으로 잘라 붙이면 양측의 입장을 대변하는 것 같지만, 실제로는 그렇지 않은 경우가 다반사다. 이념적 스펙트럼의 가장 우측에 있는 사람을 불러놓고 우파의 대표로, 아주 온건한 좌파 정치인을 불러놓고 좌파의 대표인 양 토론을 붙이거나 인터뷰를 대립적으로 사용한다면, 우파의 중간 지대에 있는 나머지 많은 의견들, 아주 온건한 좌파보다는 더 좌측에 있는 많은 사람들의 의견은 생략되어 버린다. 그러나 일단 외견상으로는 1 대 1, 50 대 50처럼 보이니 사뭇 공정해 보인다.

총선 때 정치인들의 발언을 똑같은 길이로 잘라서 방송에서 15초씩 붙인다고 하더라도 한쪽에 철저히 유리한 보도를 할 수 있다. 양이 같다고 인터뷰 내용의 질이 똑같은 것은 아니기 때문이다. 예를 들어 총선 때 해당 지역구의 현안이 지하철을 놓는 것이라면, 편들고 싶어 하는 정치인의 15초는 "우리 지역에 반드시 지하철역이 들어오도록 하겠습니다"라고 하면 된다. 그리고 다른 정치인의 15초는 "우리나라의 민주주의를 회복시키고 싶습니다"라는 추상적이고 구호적 이야기로 채우면, 지역구 유권자들의 표심이 어디로 갈지는 자명하다. 기계적 균형을 통해 사기를 치는 건 너무나 쉽다. 실제로 과거 권위주의 정권 시절 KBS를 비롯한 지상파 방송사들이 즐겨 쓰던 수법이었다.

미국 언론학자들은 기계적 중립이라는 단어를 쓰지 않는다. 언론 윤리학 교과서에도 그런 단어는 존재하지 않는다. 오히려 미국 언론학계는 이런 50 대 50의 기계적 중립 보도를 통해 객관적인 '척'하는 언론의 행태를 '거짓 등가성'(False Equivalence)이라는 말로 설명한다. 거짓 등가성이라고 하니 기계적 중립의 실체가 좀 더 명확히 드러나지 않는가? 5 대 5로 겉보기에는 그럴 듯하게 균형을 맞춘 것처럼 보이지만 사실 그런 행위 자체가 거짓이고 '사기'라는 말이다.

그렇다면 왜 아직도 한국에는 '기계적 중립'이라는 말이 횡행하는가? 현재의 기형적 상황을 이해하기 위해서는 최근에 누가 기계적 중립 보도를 강조했는지를 따져보면 된다. 이명박 대통령 후보의 홍보 특보였다가 KBS 사장을 했던 김인규 씨, KBS 사장으로 있다가 새누리당에 입당해 공천을 받았던 길환영 씨 등이 주장했던 보도의 원칙이 기계적 중립이었다.

KBS가 그렇게 기계적 중립을 지켰을 때의 방송 보도가 공정했는가? 이명박 정부 때 4대강 보도와 박근혜 정부 때의 세월호 참사 보도만 떠올려보면 금방 답이 나온다. 기계적 중립을 지키면 앞에 예를 든 것처럼 독자나 시청자를 속이기 쉽다. 기자는 마치 자신이 최소한의 윤리적 양심을 지키고 있는 것처럼 허위 의식 속에 살 수도 있다. 게다가 진실을 찾아내지도 않고, 사실을 검증하지도 않으니 몸은 편하다. 정치인들이나 관료들은 언론이 이렇게 행동하면 거짓말을 해도 검증을 하지 않으니 자꾸 거짓 선동 주장을 하게 된다. 반면 기자들은 이 정치인은 이렇게 말했고, 저 정치인은 저렇게 말했다는 '팩트'만 전달했다고 강변할 수 있으니 사후 책임으로부터도 벗어난다. 결국 유권자는 거짓 정보를 바탕으로 투표에 나서게 되어 민주주의는 약화되고 악화가 양화를 구축하는 일이 잦아진다. 그러나 이에 대한 책임은 어떤 정치인도, 언론사도 지지 않으니 사회는 결국 기계적 중립이 불러오는 악순환으로 빠져들 수밖에 없다. 1996년 미국기자협회(Society of Professional Journalists)가 왜 객관이라는 윤리적 규정을 삭제하고 진실 추구를 언론의 제1 사명으로 놓았는지 이해되는 대목이다.

그래, 이렇게 상상해 보자.

지금은 감옥에 있는 이명박 전 대통령의 BBK가 2007년에 제대로 검증이 되었더라면, 박근혜 전 대통령과 최태민, 최순실의 관계가 2012년 대선 당시 정확히 제대로 보도가 되었다면 과연 그때의 대통령 선거 결과들은 그래도 똑같았을까?

## 2

### 언론의 객관,
### 이카로스의 꿈

2013년 10월 29일 영국 신문 〈가디언〉은 그린월드와 켈러의 '객관 저널리즘' 논쟁을 실었다. 글렌 그린월드는 세계에서 가장 유명한 탐사보도 기자다. 그는 2013년 미국국가안보국 등 세계 유수의 정보기관들이 전 세계 일반인들의 통화기록과 인터넷 사용 정보 등을 무차별적으로 수집, 사찰해왔다는 에드워드 스노든의 폭로를 최초로 보도한 기자이다. 그와 '객관 저널리즘'에 대해 논쟁한 빌 켈러는 〈뉴욕타임스〉의 편집국장 등을 역임한 칼럼니스트로 역시 존경받는 언론인이다. 먼저 그린월드의 주장을 요약해보자.

"객관적 보도를 통해 좋은 저널리즘이 생산될 수도 있겠지만,

그것이 기자들에게 주는 폐해가 더 심각하다. 기자들은 자신들이 객관적이지 않은 것처럼 보여질까 봐 진실에 대해 말하기를 꺼리게 된다. 남의 말만 받아쓰기하면서 자신은 마치 아무 판단도 내리지 못하는 듯 행동한다. 그런 기자들의 속성을 정치인들과 관료들은 철저히 이용하고 있다. 거짓 해명을 해도 제대로 검증하지 않으니 정치인들이 더 거짓말을 하게 되는 것이다.

무엇보다 객관 저널리즘은 거짓 양심에 기반한 것이다. 인간은 본질적으로 절대 객관적인 기계가 될 수 없다. 우리는 각자 자신의 주관적 견해를 통해 세상을 보고 이해한다. 주관적인 인간이 객관적인 척해야 하는 이유가 대체 무엇이란 말인가? 오히려 기자가 스스로 자신의 정치적 신념이나 가치를 밝히고 보도를 하는 것이 더 정직하고 신뢰할만한 저널리즘이 될 것이다."

켈러의 반박은 이렇다.

"나도 객관이라는 단어를 쓰는 것은 거부한다. 객관은 진실의 완벽한 신화적 결정체와 같은 것이다. 그러나 대신 언론인들이 불편부당성(Impartiality)은 지켜야 하지 않을까?

기자들이 사실에 기반해서 불편부당함을 지키려고 노력하다 보면 오히려 좀 더 실체적인 진실에 접근할 가능성이 높다. 그래서 편집자들은 일선 기자들에게 어렵고 시간이 걸리는 일이지만 물리적 증거를 요구하는 것이다. 물리적 증거 그 자체로 진실이 밝혀지는 게 최선이기 때문이다. 그걸 최대한 밝혀내려는 게 기자들의 직업적 책무이다.

만약 기자 스스로 내 정치적 신념이 이러하다고 밝혀버리고 나면, 오히려 자신이 밝힌 정치적 신념에 맞춰 기사를 쓰게 되지 않을까 걱정된다."

두 기자의 공개 논쟁을 지켜보던 작가이자 언론인 앤드루 셜리번은 〈가디언〉 기사에 이런 논평을 했다.

"이번 논쟁만 놓고 본다면, 그린월드의 말이 더 설득력이 있는 것 같다. 왜냐하면 저널리즘에 대한 그의 생각이 더 정직하다고 보기 때문이다. 기자가 무슨 생각을 가지고 있는지를 대중에게 말하는 것이, 그것을 감추는 것보다는 훨씬 더 투명하다. 그래서 누리꾼들도 개인의 소신을 밝히는 스타 기자들을 더 선호하고 있는 것이 아니겠는가. 결국, 대중들에게는 객관적인 척하는 언론사보다는 스타 기자들이 좀 더 믿을 수 있고, 또 사후적 책임도 물을 수 있기 때문이다."

흥미로운 건 〈가디언〉이 이 논쟁을 보도하면서 그린월드가 맞다는 앤드류 셜리번의 논평만 게재했을 뿐, 켈리의 논점이 맞다는 또 다른 전문가의 코멘트는 싣지 않았다는 점이다. 한국적으로 표현하자면 세계 최고의 정론지 가운데 하나인 영국 〈가디언〉이 5 대 5 기계적 중립에 입각한 보도를 하지 않고 그린월드의 '편'을 든 것이다.

객관적인 인간은 없다. 인간은 날 때부터 국가, 출신지, 부모, 친구, 학교 등에 의해 영향을 받는다. 가정환경이 다르고 살아온 배경이 다르다. 인종이 다르고, 역사가 다르고, 종교가 다르고, 정치적 신념이 다르다. 그런 인간들이 생산하는 언론사의 기사나 보도가 완벽히 객관적일 수는 없다. 그래 비유하자면 객관(objectivity)은 태양을 향해 날아오르지만 결국 태양에 가까워질수록 녹아내리고 마는 밀랍 날개를 단 이카로스와 같은 '꿈'이다. 아름답지만 결코 도달하지 못할 이상이나 꿈은 명목적 가치(nominal value)일 뿐이다.

그래서 중요한 것은 실천적인 윤리이다. 1996년 미국에서 가장 오래되고 권위 있는 언론인들의 모임인 미국기자협회는 100년 이상 진행되어 온 객관 저널리즘의 논쟁에 방점이라도 찍으려는 듯, 기자협회 윤리규정에서 '객관'이라는 단어 자체를 삭제하고 '진실', '정확성', '포괄성' 등으로 대체했다.

## 3

## 인터뷰 기사, 〈조선일보〉처럼만 쓰지 말자

〈조선일보〉의 인터뷰 기사는 나름의 '의도'가 있어 보이는 것들이 많다. 김종인 전 의원을 김창균 조선일보 논설주간이 인터뷰한 2019년 1월 24일자 기사에도 나름의 의도가 역력하다. 10여 년 전 노무현 정부 때처럼 특유의 '경제 무능론' 프레임을 활용해 정권을 공격하겠다는 의도, 기왕이면 민주당과 관련이 있는 노객 정치인이 했으면 한다는 의도 말이다. 그래서 기사의 부제목도 '김창균 논설주간이 만난 김종인 前 민주당 대표'이다.

그런데 〈조선일보〉가 정의한 대로 김종인은 전 민주당 대표이기만 한 사람인가? 아니다. 가장 최근 약력만을 놓고 보면 그는 2017년 안철수가 주도하는 국민의당 개혁공동정부 준

비위원회 위원장이었다. 더불어민주당 대표를 역임하기 전에는 2012년 새누리당 국민행복추진위원회 위원장으로 활약하며 '박근혜 대통령 만들기'의 일등 공신으로 평가받았다. 오죽하면 언론이 그를 박근혜 당시 대통령 후보의 경제 '멘토'라고 했겠는가?

그렇다면 그 이전에는 어떤 자리에 있었는가? 2011년 그는 한나라당 비상대책위원회 최고위원이었고, 2004년 무렵에는 새천년민주당 국회의원이었으며, 그보다 이전인 1992년경에는 민자당 국회의원이었다. 그보다 더 이전인 1990년 당시에는 노태우 대통령의 경제수석비서관이었고, 1985년경에는 민정당 소속의 국회의원이었다. 전두환이 쿠데타로 정권을 찬탈한 1980년에는 국보위의 재무분과위원을 맡았다.

그를 과연 어떻게 정의해야 할까? 그는 안철수의 개혁공동정부 준비위 위원장인가, 박근혜의 경제 멘토인가, 더불어민주당의 전 대표인가, 노태우의 경제수석비서관인가 아니면 전두환의 국보위 위원인가?

보통 이런 경우 서구 선진 언론은 그 사람의 주요 약력을 다 써준다. 모두 다 그의 인생의 주요 경력이고, 그가 그런 다양한(?) 정치적 이력을 가지고 있다는 것을 독자, 시청자들에게 전달해야 인터뷰이의 의도도, 인터뷰를 하는 언론사의 의도도 의심받지 않기 때문이다. 그런데 〈조선일보〉는 그의 경력의 단 한 줄, 민주당 전 대표만을 부각시켰다. 그것만 부각시키는 이유는 뻔하다. 이이제이를 통한 효과적 정권 공격의 의도, 그 이상을 찾기가 힘들다.

〈조선일보〉의 이런 정치적 의도는 영국 케임브리지대학교 경제학과 장하준 교수에 대한 인터뷰 기사에서도 비슷하게 드러났다. 2018년 12월 10일자에 장하준 교수를 인터뷰한 〈조선일보〉 헤드라인은 "장하준의 경고 '한국경제 상황은 국가 비상사태'"였다. 그러나 인터뷰 기사 내용을 꼼꼼히 읽어보면 이게 경제위기의 구조적 원인을 진단하고 그 해법을 제시하기 위해서 쓴 기사인지, 아니면 문재인 정부의 최저임금이나 소득주도성장 정책을 장하준 교수의 입을 빌려 비판하기 위해 짜깁기 한 것인지 헷갈린다. 그동안 한국 경제의 구조적 문제점에 대한 장 교수의 주장은 꾸준했다. 그는 중국과 일본 사이에 끼어 고전하는 한국 산업의 구조적 문제점을 박근혜 정부 때도 비슷한 논조로 비판해왔으니, 〈조선일보〉가 정부 비판을 위해 장하준이라는 유명 인사를 이용한 것이 아닌가 하는 의심이 들 수밖에 없다.

한 달쯤 뒤인 2019년 1월 14일 〈경향신문〉이 낸 장하준 교수의 인터뷰 기사를 보면 그런 의심은 더욱 짙어진다. 〈경향신문〉은 제목은 물론이고 내용도 〈조선일보〉와는 크게 달랐다. 〈경향신문〉 인터뷰 기사의 제목은 "장하준 교수-Q. 문대통령 만난다면 해주고 싶은 조언은 자린고비 경제 그만 …… 복지재정 확 늘려라"이다. 복지정책 확대하고, 복지재정 확 늘려서 경제를 살려야 한다는 주장이다. 그러면서 장하준 교수의 다음 말을 인용했다.

"(경제의) 목표는 다 같이 행복하게 잘 사는 거죠. 자살 덜 하고, 서로 반목하지 않고, 직장 안정되고, 복지제도도 잘 돼 있어 잘리면 어쩌나 걱정 안 해도 되는 ……"

덧붙여 장하준 교수는 부자들에게 누진세를 걷어 소득을 재분배해야 한다는 주장을 했다. 그러나 장하준 교수의 이런 핵심적 주장들을 지난해 〈조선일보〉 인터뷰 기사에서는 찾아보기 힘들다.

인터뷰 기사는 마음먹기에 따라서는 얼마든지 왜곡이 가능하다. 방송 뉴스의 인터뷰는 방송 시간의 한계 등으로 전후 맥락이 빠진 채 나가 문제가 될 수 있고, 신문 보도의 인터뷰는 너무 편향적이어서 자주 문제가 된다. 인터뷰이의 권위나 유명세를 이용해서 언론사의 편집 방향과 일치하는 기사를 생산하려는 사적이고 정치적인 '의도'가 깊숙이 개입하면, 인터뷰는 더이상 기사나 보도로서 그 존재의 의미 자체를 상실할 수 있다.

그래서 1900년대 초반까지만 해도 미국의 AP통신사는 인터뷰는 인터뷰 당사자와 언론사가 미리 사전에 인위적으로 '고안된(Contrived)' 행위로, 갑자기 일어난 사건·사고와는 달리 인터뷰 당사자 또는 언론사의 의도가 개입될 여지가 높기 때문에 뉴스로 취급하는 것을 거부했었다. 이는 반대로 해석해서 말하면 인터뷰 기사가 뉴스의 한 요소로 계속 살아남으려면 결국 언론인들의 양심, 언론의 공익적 목적에 대한 사회적 신뢰가 전제되지 않으면 불가능하다는 의미이다.

연예인 홍석천 씨의 〈이데일리〉 인터뷰 기사를 재인용해 자신들이 하지도 않은 인터뷰 기사를 가공해서 생산한 〈조선일보〉〈중앙일보〉〈동아일보〉의 행태를 보면 이들이 인터뷰 기사를 어떻게 관행적으로 활용해왔고, 현재도 이용하고 있는지를 단번에 알 수 있다. 홍석천 씨가 〈이데일리〉 인터뷰 기사(홍석천 "저도 가게 문 닫아…사람 모이게 임대료 내려야 상권 살아요")로 인터뷰했던 내용은 경리단길의 여러 문제점들(쇠락해가는 상권, 임대료 급등, 주차장 협소, 최저임금) 때문에 가게 문을 닫게 되었다는 것이었다. 홍석천 씨는 자신의 인터뷰를 곡해해 최저임금이라는 한 가지 이유 때문에 가게 문을 닫은 것으로 왜곡하지 말아 달라고 〈이데일리〉 기자에게 따로 부탁까지 했다고 TBS 뉴스공장에서 말한 바 있다.

그런데 이 인터뷰를 〈조선일보〉〈중앙일보〉〈동아일보〉는 마치 약속이나 한 듯이 비슷한 제목을 달아 재인용했다.

"홍석천 최저임금 상승 여파로 이태원 가게 2개 폐업"(조선일보)
"홍석천 이태원 가게 두 곳 문 닫아.. 최저임금 여파"(중앙일보)

"연 매출 70억, 홍석천 레스토랑 중 2곳 폐업, 최저임금 인상 감당못해"〈동아일보〉

〈중앙일보〉와 〈동아일보〉는 여론의 비판이 쏟아지자 기사 제목을 수정했고, 〈조선일보〉는 아예 올렸던 기사를 없애 버렸다.

## 4

### 손혜원의 이해상충을
### 기자들에게 적용한다면…

정의당 추혜선 의원실을 통해 금감원에 요청한 자료를 전달받은 건 2018년 10월쯤이었다. 거래소, 코스닥에 등록 및 상장된 기업들의 사외이사 명단이 궁금했다. 한국의 사외이사제도는 당초의 취지와는 달리 경영진을 견제하거나 감시하는 역할을 하지 못하고 지연, 학연 등에 얽혀 거수기 또는 정경유착의 고리 역할을 해왔다는 비판을 받아왔다. 국세청 고위 관료나 검찰 출신 변호사 등의 기업 로비 창구 역할로 이용되고 있다는 의심도 받아왔다.

예상대로 국세청 출신이 많았다. 3,750명의 사외이사 명단을 전직 경력으로 분류해보니 국세청 출신 관료들이 92명으로 최다를 차지했고, 검찰 출신 변호사들이 84명, 판사 출신 변호사들이 61명, 금융감독원 출신이 52명, 공정거래위원회 출신이 25명 등이었다. 특별히 김앤장 출신(전, 현직)들이 많아서 이들을 따로 분류해보니 전,현직 김앤장 변호사들도 44명이나 되었다.

검찰, 법원, 국세청이나 금융당국 출신의 선배들이 밖으로 나와 기업의 사외이사를 하며 정부, 검찰, 법원에 과연 로비나 청탁의 전화 한 통이 오가지 않았을까? 지연과 학연으로 얽히고설켜 있는 우리나라에서 그런 청탁이 오가지 않았을 거라고, 모든 공직자 출신들이나 변호사 등은 각종의 이해상충으로부터 스스로에게 한 점의 부끄러움도 없을 거라고 믿는 국민들은 아마 거의 없을 것이다.

그렇다면 이런 '이해상충'의 문제를 비판해온 언론인들은 이 사외이사 명단에 없었는가? 있었다. 그것도 꽤 많았다.

KBS 출신의 전직 간부들을 보면 전 보도국장, 전 경영본부장, 기자 출신의 전 부사장, PD 출신의 전 부사장, 전 방송문화연구소장, 전 스포츠국장, 전 편성부주간, 전 제작본부장, 전 정치부 차장, 전 보도본부 부장 등이 사외이사를 역임했다.

MBC는 부국장, 아나운서실장, 해설위원실 주간, 경제부장 등의 경력을 거친 사람들이 사외이사 명단에 들어 있었고, SBS는 전 사장, 전 보도본부장, 전 보도국장 등이 사외이사 명단에 이름을 올렸다.

〈매일경제〉도 논설주간, 논설실장, 편집국장 이사, 주필, 편집국장 대우 등의 경력을 가진 사람들이 사외이사에 이름을 올렸고, MBN 역시 보도본부장, 수석논설위원, 해설위원, 앵커 출신이 기업 사외이사를 하고 있었다. 〈조선일보〉 논설위원, 디지털조선의 고문, 〈동아일보〉와 〈한국경제신문〉의 논설실장이나 〈한국일보〉〈동아일보〉〈한겨레〉〈문화일보〉〈중앙일보〉〈경향신문〉의 논설위원, 그리고 중앙일보 편집국장 등의 경력을 자랑하는 사람들도 한국의 내로라하는 기업들의 사외이사들이었다.

언론인 경력이 5년 미만으로 짧고, 이후 관료나 기업인 등으로 변신한 사람들은 제외했는데도 이 정도이다. 누가 봐도 이 정도 경력이면 이 사람은 언론인이라고 판단되는 사람들만 하나씩 추려서 그 숫자를 세어봤다. 총 41명이나 된다. 공정거래위 출신 25명보다 훨씬 많고, 김&장 출신 44명에 육박하는 숫자다.

이래서 한국 사회는 정치, 경제, 관료, 언론이 모두 유착되어 있는 '정경언 유착사회'라고 하나 보다. 이렇게 끈끈히 유착되어있는 풍경에서 벌어지는 행태 한 가지를 소개해볼까? 현직 중앙 일간지 기자가 1년 정도 전, 나에게 직접 말해준 자기가 다녔던 신문사 뉴스룸의 풍경이다.

"세상에 타부서 부장이 다른 부원들이 다 듣는데도 아랑곳하지 않고 전화를 해서 '그 크기에 1면으로 원하시면 2,000만 원입니다. 그 이하로는 안 돼요'라고 하면서 취재원과 지면 인터뷰 기사를 가지고 가격 협상을 하는 거예요. 저는 회사에서 주최하는 무슨 행사포럼 티켓까지 팔고 다녔어요. 정부 00부 국장님이 많이 사주셔서 제가 사내에서 제일 많이 팔았다고 부장에게 칭찬도 들었습니다. 어처구니가 없고, 자괴감이야 이루 말할 수가 없지요."

공기업 사장이나 공공기관장, 민간기업 CEO 인터뷰 기사 등이 거래되고 있다는 이야기는 언론계에서는 꽤 오래된 정설이다. 공공기관 홍보팀장도 똑같은 이야기를 나에게 들려줬다. 홍보하는 사람 입장에서는 기왕 나가는 홍보비, 기관장 홍보성 인터뷰 기사로 나가주면 훨씬 모양새가 좋다는 것이다. 즉, 홍보 '실적'이 된다는 것이다. 신문사 입장에서는 인터뷰 기사를 내면서도 돈을 받고, 광고 지면에는 또 다른 광고를 받을 수 있으니 거의 모든 지면을 광고로 팔아먹는 것과 마찬가지 효과를 누리게 되는 것이다. 이른바 '경영 효율성'이 극대화된 작업이라고 할까?

이게 한국 언론의 자화상이다. 2019년 오늘도 별반 달라진 게 없을 것이다. 이런 현실에서 우리는 지금 국회의원의 '이해상충'을 비판하고 있다. 그래서 나는 얼굴이 화끈거린다. 손혜원 의원의 '이해상충'을 비판하는 언론인들이 정말 그렇게 자신들 스스로에게 떳떳할까? 손 의원의 이해상충 이슈가 강력한 반발에 직면하는 것이 꼭 손 의원을 지지하는 대중들의 맹

목적인 '정치적 편들기'이기만 한 것일까? 우리의 독자와 시청자들은 어쩌면 우리 언론인들에게 속으로 이렇게 외치고 있는지도 모른다.

"너나 잘하세요!"

**5**

# 트럼프 국정연설과
# 한-미 언론이 말하기 꺼리는 5가지 팩트들

비슷했다.

 80분간의 연설 내내 미국 공화당 의원들은 수시로 기립 박수와 함께 환호하며 'USA'를 연호했다. 2019년 2월 5일 워싱턴 D.C. 연방의회에서 트럼프 대통령이 국정연설을 통해 꺼내 든 전가의 보도는 역시 애국주의, 중상주의, 미국 이익 최우선주의였다.

 트럼프 대통령은 2019년 국정연설을 통해 자유무역에 대한 가치보다는 미국의 이익을 최우선으로 하겠다는 뜻을 거듭 확인했다. 이민에 대한 미국인들의 전통적 관용 정신은 부정하고, 자신은 현재 미국 시민권자들의 일자리만 챙기면 그만이라는 식의 기존 주장을 이어갔다. 자신의 집권 이후 미국이

에너지 순수출국으로 변모했다고 자랑스레 주장하는 트럼프 대통령으로부터 세계인들이 읽은 메시지는 분명했다. 그는 거듭 명확히 '미국 우리만 잘살면 된다'를 말하고 있었다.

달랐다.

지난 2018년 국정연설과 비교해 크게 바뀐 부분도 있었다. 2018년 국정연설에서는 북한을 인권 탄압국으로 맹비난했던 트럼프 대통령은 올해에는 북한에 대해 정반대의 메시지를 던졌다. 미국은 북한과 새롭고 대담한 외교를 펼치며 한반도의 역사적 평화를 추진하고 있으며, 그 성과로 이미 북한에 억류 중이었던 미국인 인질들이 석방되었고, 북한의 핵무기 실험이 중단되었으며, 북한의 미사일 발사도 15개월 이상 없었다고 말했다. 트럼프 대통령은 또 자신이 대통령으로 선출되지 않았다면 미국은 북한과 대규모 전쟁(major war)을 벌이고 있을지 모른다고 주장했다. 북한의 김정은 위원장과 베트남에서 1박 2일 동안 정상회담을 한다고 밝히면서 말이다.

비슷했다.

트럼프 대통령의 국정연설에 대한 미국 언론의 반응은 지난해와 비슷하게 적대적이었다. 미국 언론은 실시간 팩트체크 등을 통해 트럼프 대통령의 발언이 사실이 아니라 과장됐다, 또는 국민을 오도할 수 있는 표현이었다 등으로 분석하며 대통령 비판에 주력했다. 특히 2차 북미 정상회담과 관련해서는 매우 비판적인 태도를 보인 언론이 다수였다. 공산주의 독재국가인 북한을 믿을 수 없다거나 북한은 여전히 핵시설을 폐기하지 않았고, 앞으로도 포기하지 않을 것이라는 비관론이 우세했다. 북한이 핵 포기를 전제해야만 미국이 대화할 수 있는 것이 아니냐는 미국 중심주의적 세계관에 따라 전개된 기사들이 많이 눈에 띄었다. 외교의 일반 원칙인 상호주의에 따라 미국이 양보할 여지는 어디까지일까를 모색하는 기사는 좀처럼 찾아보기 힘들었다.

북한에 대한 강경한 입장은 〈조선일보〉도 비슷했다. 지난해 트럼프 대통령의 국정연설 직후에도 사설을 통해 이제 북핵을 해결할 수 있는 마지막 남은 방법은 대북 제재 망을 더 촘촘하게, 더 강력하게 짜서 김정은을 완전히 봉쇄 차단하는 것이라고 주장했던 〈조선일보〉는 국정연설을 통해 미국 대통령의 정책 기조가 완전히 정반대로 바뀌었음을 확인했음에도 불구하고 2차 북미 정상회담이 잘되지 않기를 기원하는 듯한 기사를 실었다. 기사 제목 자체가 이렇다.

"美협상팀 평양 내릴 때, 트럼프는 회담날짜 발표… 또 졸속회담되나"

이는 2차 북미회담의 3가지 시나리오라며 '영변 핵 폐기 스몰딜', '영변 뛰어넘는 빅딜', '싱가포르 수준 재탕' 등의 다면적 전망 보도를 한 〈중앙일보〉나 1차 북미정상회담과는 달리 이틀간 끝장 논의를 한다며 다소간의 기대감을 투영한 〈동아일보〉의 논조와도 크게 대비되는 양상이다. 〈조선일보〉는 1년 만에 돌변해 북미 정상 간 대화를 통해 한반도의 평화를 정착시키겠다는 의지를 피력한 트럼프 대통령이 미워진 것 같다.

그러나 현재의 한미 두 대통령을 극도로 싫어하는 듯한 자신들의 감정이 밴 기사들을 양산하고 있는 두 나라 주요 신문사들이 잘 말하려 하지 않는 팩트들을 정리해보면 한반도 국제 정세가 크게 호전됐음은 누구도 부인할 수 없는 사실이다.

1. 트럼프 대통령이 국정연설에서 말했듯이 북한이 지난 15개월 동안 미사일을 쏘지 않았다는 것은 명확한 팩트다.

2. 대부분 까맣게 잊고 있겠지만 바로 1년 전까지만 해도 트럼프가 언급했던 대규모 전쟁이 목전에 이른 것처럼 보였다. 2018년 2월 28일 존 볼튼 전 유엔 주재 미국대사(트럼프 정부의 국가안보 보좌관으로 임명되기 이전)는 〈월스트리트저널〉 기고문을 통해 미국이 법적으로도 북한을 선제공격할 수 있는 길이 있으며, 꼭 마지막 순간까지 인내할 필요는 없다고 주장했다. 같은 해 3월 2일 린지 그레이엄 미 상원의원도 CNN과

의 인터뷰를 통해 북한과의 전쟁이 장기적으로는 가치가 있을 것이라고 말했다. 3월 4일 더글라스 맥그레고르 군사평론가는 폭스 뉴스와의 인터뷰를 통해 북한과의 전쟁은 곧바로 미중 전쟁으로 치달을 것이라고 경고했으며, 호주 공영방송 ABC도 3월 2일 한반도에서 전쟁이 발발하면 그것은 국지전이 아니라 세계대전이 될 가능성이 높다고 전망했다.

3. 그럼 그보다 이전인 박근혜 정부 때는 한반도의 정세가 평화롭고 안정됐던가? 2016년 7월 박근혜 정부가 미국의 일방적 요구에 밀려 사드 배치를 결정한 바로 다음날 북한은 잠수함탄도미사일(SLBM) 한 발을 동해상에 발사했고, 중국은 한국에 대한 대규모 경제 보복에 나섰다. 이후 근 2년에 걸친 중국의 경제보복으로 한국의 무역, 관광 산업이 막대한 타격을 입고, 중국인 관광객들의 국내 입국이 크게 줄어 중소 자영업자들까지 피해를 호소했지만, 한국 정부는 미-중 사이에 끼어 변변한 대책 하나 내놓지 못했다.

4. 그러나 박근혜 전 대통령이 '통일 대박론'을 내세웠던 그즈음에 맞춰 〈조선일보〉는 2014년 1월 1일부터 '통일이 미래다'는 기획 보도 시리즈를 통해 박근혜 정부의 대북 대화 노선을 강력히 지지했다. 당시 〈조선일보〉는 7개월 동안 무려 250건에 달하는 관련 기사를 쏟아내며 한반도에 통일 분위기

를 조성하려 시도했다. 지금과는 180도 다른 모습이었다.

5. 미국 언론이 공산주의 독재국가이자 인권 탄압국인 북한과 대화를 하는 것 자체가 어불성설이라는 듯이 주장하고 있지만, 미국의 오바마 전 대통령이 2016년 3월 20일 쿠바와 국교 정상화를 단행할 당시에도 인권 운동단체들은 쿠바의 인권 유린 상황을 비판하며 오바마의 쿠바 방문 자체를 반대했다. 미국 역사상 가장 모멸스러운 전쟁이었다는 평가를 받는 베트남전을 치렀던 미국이 1995년 전쟁 당사국이었던 베트남과 국교를 정상화한 이후에도 베트남의 공산당 일당 독재체제는 유지됐고, 베트남 정부의 인권 탄압 실태는 좀처럼 개선되지 않았다. 심지어 수교 12년 후인 2007년 응웬 떤 중 베트남 총리가 미국을 방문할 당시에도 미 의원들과 베트남계 인권단체 등은 부시 당시 미국 대통령에게 베트남 총리와의 회담에서 인권 실태를 주요 의제로 삼을 것을 촉구했다. 또 미국은 1979년 중국과 수교했지만, 중국은 여전히 공산당 일당 독재국가다. 1989년 천안문에서 민주화 운동이 일어났을 당시('천안문 사태'), 중국 정부는 베이징 도심에서 잔인하고 무자비한 학살을 감행해 수백 명 이상이 살해된 것으로 알려졌다.

세 나라의 사례 모두가 가리키는 것은 일치한다.
베트남도, 중국도, 쿠바도 공산당 일당 독재체제에 바탕을 둔 이른바 '국가 자본주의'(state-capitalism)의 체제를 유지하고 있다. 미국은 인권이나 민주주의 수준을 앞장세워 말하고 있지만, 미국과의 관계 정상화에서 더욱 중요한 것은 인권이나 민주주의가 아니라 세계 자본주의로의 편입 여부였다.

이 모든 역사적 사실들과 트럼프의 국정연설, 그리고 그에 대한 한미 언론의 태도를 종합해보면 트럼프는 어떻게든 자국의 경제적 이익을 취하려 한다는 점에서 철저히 실리적이라고 평가된다. 미국 언론은 보편적 가치인 인권을 내세워 또 다른 보편적 가치인 한반도의 평화를 가로막고 있다는 점에서 다분히 위선적이라 말할 수 있다. 그렇다면 박근혜 정부 때는 통일 분위기 조성에 앞장서고, 문재인 정부 들어서는 남북대화나 북미회담 자체를 부정적으로 묘사하는 〈조선일보〉 같은 언론은 어떤 평가를 받아야 할까? 〈조선일보〉의 북한 관련 기사들이 미국식 위선과 정파적 사익이 합쳐진 결과물이라면 그것은 과연 진실한 것인가? 심지어는 한국의 국익에도 배치되는 것이 아닌가 말이다.

## 6

## '사람값', 캐나다 공영방송 CBC는 최저임금을 어떻게 보도할까?

여기 한 여성 노동자가 등장한다. 캐나다 온타리오주에 거주하는 '브라보'라는 이름의 여성이다. 그는 네 곳에서 일용직 노동자로 근무하고 있으며 공장 노동자, 청소부, 건설 인부, 카페 직원으로 최저시급을 받고 있다.

"온타리오주의 최저임금 인상이 소규모 자영업자들을 죽인다는 비판을 받지만, 많은 사람들에게 최저임금 인상은 인간다움을 느끼게 한다"라는 제목의 캐나다 공영방송 CBC의 보도에서 브라보는 기사 맨 처음에 등장한다. CBC의 기자는 최저임금이 15불로 인상된 것이 그에게 어떤 의미인지 물었다. 그가 CBC 기자에게 답한 내용은 이렇다.

"한때 난 내가 인간이 아니라고 생각했습니다. 그게 내 현실이었죠. 4개의 다른 직장에서 이리저리 파트타임으로 일하다 보니 정말 힘들었어요. 쉴 시간도 별로 없었죠. 최저시급이 15불(한화 13,000원 수준)로 올라가면 내게는 참 잘된 일입니다. 정부나 시당국이 내가 인간답게 살 수 있도록 지원해준다니 고마운 일이죠. 내가 한 발짝 또 나아갔구나. 당신(기자)처럼 안정된 삶을 향해 …… 언젠가 나도 당신들처럼 각종 고용 혜택을 받을 수 있겠지요. 내가 이제야 좀 진화된 사회(first world)에 살고 있는 것처럼 느껴집니다. 이제야 내가 당신과 조금은 비슷하게 느껴지는 것 같네요. 하지만 시급 15불이 내가 원하는 전부는 아닙니다. 난 내 가치가 이보다 더 높다고 믿습니다."

최저임금과 관련해 주로 자영업자나 강단 교수들의 목소리가 많이 나오는 우리나라의 보도 태도와는 참 많이 다르다. 한국의 보도에는 최저임금을 직접 받는 사람들의 목소리가 별로 들어 있지 않다. 브라보와 같은 경제적 취약계층이 내는 목소리도 우리보다 훨씬 더 당당함이 느껴진다. 사람들의 생각도, 보도 양상도 한국과는 다르다.

그렇다고 CBC가 자영업자들의 우려, 비판의 목소리를 기사에서 배제하고 있지는 않다. CBC는 같은 보도에서 이번 최저임금 인상치로 토론토 식당 한 곳당 평균 4만 7,000불로 우리 돈으로 따지면 1년에 4,000만 원 정도 순이익이 감소하게 생겼다고 우려하는 자영업자들의 목소리를 충분히 담았다. 토론토에서 식당을 운영하는 프레드 루크 사장은 정부의 이번 최저임금 인상으로 인건비 부담이 30퍼센트 이상 늘어나 소규모 자영업자들은 다 죽게 생겼으며, 이러면 토론토 식당들은 뉴욕이나 샌프란시스코 같은 도시들과 경쟁이 되지 않는다고 반발했다. 최저임금이 인상되면 어쩔 수 없이 사람을 자르거나 식당 문을 닫게 될지도 모른다고 우려하는 건 우리와 비슷하다.

캐나다 CBC는 여기서 또 한 발 더 나아가 보도 후반부에 최저임금 인상을 찬성하는 자영업자의 인터뷰를 넣었다. 직원 12명을 고용한 헬미 안싸리 사장은 CBC 기자에게 이렇게 말했다.

"토론토 같은 도시에서 어떻게 1년에 2만 2,000불, 2만 3,000불 받고 생활이 가능한가. 여기서 그 돈으로는 못 산다. 그렇게 가난하게 살면서 자기 삶에 찌든 사람들이 어떻게 일에 집중할 수 있겠나. 나는 기본적으로 최저임금 12불, 13불씩 주고 사람들에게 일을 시키는 건 옳지 않다고 본다. 최저임금을 15불로 인상하는 것이 당장에 사업에 안 좋을지라도 장기적으로는 우리 사업에도 도움이 될 것이다."

참 신기하지 않은가? 보도에는 비디오 인터뷰가 총 3개가 나오는데, 인터뷰의 숫자도 최저임금 찬성과 반대의 목소리가 2 대 1로 되어 있다. 전체 보도의 뉘앙스도 최저임금 인상에 호의적이다. 그런데도 기사 댓글을 보면 '좌빨이네' 또는 '어용이네' 하는 캐나다 시민들의 목소리는 거의 찾아보기 힘들다. 이게 국격일까?

단순히 먼 나라 캐나다의 이야기일까? 캐나다니까 이런 보도가 당연한 것이고, 한국은 최저임금이 많이 올랐으니 30년 고용한 직원을 해고할 수밖에 없다고 보도하는 것이 당연한 것일까? 과연 언제까지 한국 언론은 사회적 갈등을 자신들의 입맛에 따라 부풀리고 과장만 할 작정인가? 과연 언제까지 사회적 갈등에 대한 진지한 토론과 합의는 나 몰라라 뒷짐만 지며 자영업자와 최저임금 시급 노동자들의 싸움, 을과 을의 싸움을 부추기면서 정치적, 상업적 이익 따먹기에 열을 올릴 것인가?

캐나다에서 최저임금제도가 도입된 지 80년이 넘었다고 한다. 우리는 1988년부터 시행되었으니 30년이 조금 넘었다. 그럼 앞으로 50년쯤 지나고 나서야 우리도 캐나다 CBC 같은 언론의 보도가 당연한 것이 될까? 아니다. 한국 언론이 지금처럼 공론을 통한 사회적 합의를 이끌어내는 데 주저하고, 사회적 책임을 방기하면서 을과 을의 싸움을 부추기기만 한다면 우리는 앞으로 50년이 지나도 똑같은 보도, 똑같은 사회를 맞닥뜨리게 될 개연성이 높다. 언론이 변하지 않으면 사람들의 인식도 변하지 않는다. 최저임금은 결국 사회에서 최소한의 삶을 보장하는 '최소한의 사람값'이라는 인식 말이다.

## 7

### 〈SKY 캐슬〉의 시가총액

한창 인기였던 JTBC 드라마 〈SKY 캐슬〉에는 한 주택단지가 나온다. 의사, 변호사 등 한국의 전문직 상류층이 모여 사는 이 드라마 속 가상의 주택단지는 화려하다 못해 으리으리하다. 그러나 한국의 주택 현실은 드라마와는 다르다. 드라마에서처럼 이른바 '잘 나가는' 의사나 변호사들일지라도, 이들 직종이 가장 많이 모여 사는 곳은 서울 강남이나 서초구 같은 아파트 밀집 지역이다. 이곳에는 아직 재건축이 되지 않은 수십 년 된 허름한 아파트들이 많다. 아파트는 허름하지만 보통 한 채당 20~30억 원씩 하는 곳들이다. 어떤 곳은 수도에서 가끔 녹물이 나오기도 한다. 아파트 단지 주변에 한강변 쥐들이 많아 골칫거리라는 기사도 나온 적이 있다. 이른바 '한국형 부자들'의

민낯은 드라마 속 가상의 현실만큼 화려하거나 으리으리하지는 않다.

그러나 〈SKY 캐슬〉이 묘사하는 한국의 '성적 지상주의'와 언론이 조장하는 '아파트가 제일주의'는 사뭇 흡사하다. 오로지 피라미드 저 위 꼭대기, 전교 1등을 위해 아이들을 내모는 드라마 속 학부모들처럼 우리 언론도 아파트 가격이 높아지는 것이 최고의 선인양 보도해왔다.

대표적인 단어가 '아파트 시가총액'이라는 말이다. '아파트 시가총액'이라는 키워드로 네이버에 검색을 해보면 1991년부터 무려 8,000건에 달하는 기사들이 쏟아진다. 이 기사들을 유형별로 정리해보면 우리 언론이 아파트 시가총액이라는 단어를 남발하면서 독자나 시청자에게 무엇을 알려주려고 하는 것인지 명확히 알 수 있다.

한국 언론은 서울, 수도권 등 아파트의 시가총액을 경마중계식으로 보도해 왔다. 2001년 170조 원대였던 서울 아파트 시가총액이 올라갈 때마다, 아니 정확히 표현하면 기사를 제공하는 부동산정보업체에서 보도자료를 낼 때마다 언론은 빠짐없이 이를 받아썼다. 2001년 100조 원대였던 서울 아파트 시가총액은 2003년에는 300조 원이 됐고, 2016년에는 750조 원이 됐으며 지난해에는 860조 원이 됐다는 기사가 나왔다. 언론이 자체적으로 조사한 기사는 없었다. 모두 부동산 정보업체들이 제공한 보도자료에 바탕을 둔 기사들이었다.

 분기 또는 해마다 아파트 시가총액을 서울, 수도권, 전국으로 나눠 조사해 언론에 뿌리는 것도 식상했던지 언론은 아파트 단지에 따라 석차를 두기 시작했다. 2006년 연합뉴스 기사의 첫 문장이다. "서울 강남구 도곡동 렉슬이 타워팰리스를 제치고 강남구 아파트별 시가총액 1위를 차지했다."

 그리고 이어서 연합뉴스에 나온 문장은 "고가 아파트의 대명사인 도곡동 타워팰리스 1차는 2조 1,120억 9,000만 원으로 2위로 밀렸다"는 내용이었다. 언론은 이즈음 파크리오가 올림픽선수촌 아파트를 제치고 시가총액 1위로 등극했다거나, 노원구 아파트 시가총액이 서초구에 이어 4위로 등극했다고 하면서 단지별로, 구별로 아파트 시가총액을 토대로 경쟁시키듯이 기사를 썼다. 전국석차로 어떤 학생이 1등을 했고, 누가 2등을 했다고 중계하면서 보도하는 식이다.

 그러나 아파트 가격이 조금이라도 떨어졌다 싶으면 시가총액은 증발했다.
 "서울 재건축 석 달새 7조 원 증발"(2008년 MBC)
 "1.11 대책 이후 재건축 시가총액 1조 원 증발"(2007년 연합뉴스)
 "강남권 아파트값 약세…시가총액 2조 8천억 원 증발"(2008년 MBN)

최근 들어서도 이런 경향은 계속된다.

"강남 재건축 와르르…1년만에 3조 증발"(2018년 〈조선비즈〉)
"서울 재건축 아파트 시가총액 3조 5천억 원 급감…9.13 대책 영향"(2019년 KBS)
"강남 4구 재건축 아파트 시총 한 달 반 개 1조 원 날아가"(2018년 〈경향신문〉)

〈조선일보〉와 같은 상업지들은 물론이고 지상파 방송3사, 심지어는 공영방송인 KBS도 서울 재건축 아파트의 시가총액이 급감했다는 식의 기사를 쓰고 있다. 아파트 시가총액이 급감하고, 증발하고, 날아간다. 모두 부정적인 표현이다. 시가총액이 급감하고 증발하고 날아가 버리니 독자나 시청자들에게 주는 이미지는 아까운 돈이 날아가는 것 같은 안타까움이다. 이 기사들에서 부동산 버블이 빠지고 있으니 다행이란 메시지는 읽히지 않는다. 기사는 철저히 강남 재건축 아파트를 소유한 사람의 관점, 현실 속 SKY 캐슬에 사는 이들의 관점에서 쓰여졌다.

시가총액이란 원래 주식 시장에 상장된 회사의 시장 평가 가치를 의미한다. A기업이 상장한 주식이 100만 주이고 오늘 주당 가격이 10원이라면 A기업의 시가총액은 1,000만 원이다. 기업들의 시가총액이 증가하는 것은 자본주의에서 환영할만

한 일이다. 그만큼 시장에서 높은 가치를 받는다는 것이니, 그렇게 시장에서 높은 가치를 받으면 설사 증자를 하더라도 높은 가격에 할 수 있다. 금융조달비용도 싸지고 기업은 투자여력이 높아지고, 더 많은 고용창출에 기여할 수도 있다.

그러나 아파트의 시가총액이 올라가기만 하면 그것은 한국 자본주의에 치명상을 안길 수 있다. 시중에 풀린 부동자금이 부동산으로 몰려 불로소득을 조장하면 빈부격차는 심화하고, 사회적 갈등만 높아진다. 게다가 돈이 들어가야 할 곳, 진짜 투자를 필요로 하는 산업 부문으로 가지 않으니 기업은 자금 조달에 애로를 겪고 설비 투자에 소홀하게 된다. 땅 사서 건물이나 아파트 지어 손쉽게 돈을 벌 수 있는 사회에서 어떤 기업인이 힘들게 제조업을 하려 하고, 어떤 직장인이 노동 의욕에 넘쳐 혁신적 아이디어를 내려 하겠는가? 조물주 위에 건물주가 있다는데 투자든, 투기든 돈 벌어서 한몫 챙기는 게 사람들의 목적이 되어버리면 한국 자본주의의 경쟁력이 급전직하할 것임은 불 보듯 뻔한 일이다.

그런데도 한국 언론은 수십 년 넘도록 '아파트 시가총액' 타령만 하고 있다. 부동산 정보업체들이 제공하는 보도자료 한 줄에 의지해서. 그게 누구의 관심사인가? 그게 기사로서의 무슨 가치가 있는 것인가? 그런 기사들이 양산됨으로써 한국의 자본주의, 민주주의에 어떤 도움이 되겠는가? 오히려 해가 되지 않겠는가 말이다.

임대소득, 불로소득, 지대를 추구하는 사회는 자본주의의 창시자라는 애덤 스미스마저도 가장 혐오하는 사회였다. 자본주의의 보편적 가치관에도 위배되는 불로소득만 조장할 수 있는 기사를 공영방송인 KBS까지 계속 써야 할 필요는 없다. 과거에 하던 그대로의 관성으로부터 벗어나야 한다. 우리가 생산하는 기사 자체의 생산 방식에 근본적 의문을 던져야 한다. 부동산 정보업체에서 보도자료를 제공한다고 그게 기사가 되는 것이 아니다. 하던 대로 계속 쳇바퀴만 굴리고 있는 것이라면 우리 언론은 〈SKY 캐슬〉 속 학부모들처럼 행동하고 있는 것이다.

## 8

### 카드사에 관한 오래된 진실 5가지

정부가 2018년 11월, 2019년부터 적용될 카드 수수료를 인하하겠다고 발표했다. 핵심은 연매출 5억 원에서 30억 원 사이 가맹점 수수료를 낮춰주는 것이다. 정부는 이로 인해 편의점, 빵집, 음식점 등 자영업자 24만 명 정도가 카드 수수료 인하 혜택을 보게 될 것으로 예상했다.

그런데 여론은 좋지 않았다. 언론 특히 '조중동매한(조선일보, 중앙일보, 동아일보, 매일경제, 한국경제)'은 카드사 노동 조합원들의 반발에 크게 주목했다. 이들 신문들을 보자면 카드사들은 곧 망해 직원들이 당장 길거리에 나앉을 것 같고, 소비자들도 엄청난 피해를 볼 것같은 공포감이 밀려온다. 뭔가 이상하다. 카드사 수수료 인하는 2007년부터 계속되어 왔는데, 한국의 상업신문사들이 이렇게 카드사 노조원들의 편을 들어주면서까지 소비자들에게 겁을 준 적이 거의 없었기 때문이다.

1. 자영업자들이 백화점이나 대형마트에 비해 카드 수수료에서 큰 차별을 받아왔다는 것은 주지의 사실이다. 마트협회 자료에 나온 한 슈퍼마켓의 사례를 보자. 연매출 14억 9,800만 원의 슈퍼마켓이 올리는 당기 순이익이 2,800만 원에 불과하다. 그런데 이 슈퍼마켓의 매출액에 2016년 당시 카드 수수료율 2.6퍼센트를 적용하면 슈퍼마켓 주인은 카드 수수료 비용으로만 연 4,200만 원을 써야 한다. 카드 수수료가 당기순이익보다 1,400만원이나 더 많다. 카드 수수료가 당기 순이익의 166퍼센트나 되는 황당한 구조다.

2. 반면 매출액 수조 원에 이르는 백화점이나 대형마트들의 신용카드 평균 수수료율은 1.8~2.0퍼센트 수준이었다. 금융감독원 자료를 보면, 2017년 이마트의 카드 수수료는 1.9퍼센트, 롯데마트는 1.97퍼센트, 신세계백화점은 1.99퍼센트, 홈플러스는 2퍼센트, 롯데백화점은 2.03퍼센트였다. 즉 그동안 중·소규모 가맹점은 백화점이나 대형마트 등 대형유통업체들보다 상대적으로 더 많은 수수료를 내왔다는 말이다.

3. 세종대 경영학과 김대종 교수의 기고문(OECD 평균 카드

수수료 인하 필요하다 〈한국경제〉)에 따르면, 현재 우리나라의 카드 수수료는 신용카드건 직불카드건 외국에 비해 훨씬 높다. 김 교수는 "외국의 경우 신용카드 수수료가 평균 1.58퍼센트, 직불카드는 0.47퍼센트인 반면 한국의 신용카드 수수료는 현재 약 1.8~2.3퍼센트이고, 체크카드는 약 1.7퍼센트로 외국의 평균에 비하여 높은 수준"이어서 이를 크게 낮춰 OECD 평균 수준의 수수료로 맞춰야 한다고 주장했다.

4. 정부도 2007년부터 단계적으로 카드 수수료를 인하해 왔다. 이명박 정부 때인 2008년, 2009년, 2012년뿐만 아니라 박근혜 정부 때인 2014년과 2015년에도 지속적인 카드 수수료 인하 정책이 펼쳐졌다. 그런데도 우리나라의 카드 수수료율은 아직도 OECD 평균 수준보다 높다. 특히 한국의 체크카드의 수수료는 1.7퍼센트로 외국 신용카드 수수료 평균 1.58퍼센트보다도 높다는 점은 주목할 만하다. 체크카드는 결제시 소비자 개인 통장에서 카드대금이 즉시 출금돼 채권 부실이 발생할 수 없는 구조다. 따라서 카드회사는 자금 조달을 위해 별도의 비용을 들일 필요가 없는데도 우리나라의 직불카드 수수료는 외국의 신용카드 평균 수수료보다 높은 것이다. 터무니없다.

5. 특히 한국은 전 세계적으로 신용카드 이용 비중이 가장

높은 국가다. 30~40대 직장인이라면 보통 카드 서너 개 정도는 갖고 다닌다. 2017년 국회입법조사처의 자료에 따르면 한국은 OECD 주요국 가운데 신용카드나 직불카드 등 비현금 지급 수단의 이용 비중이 83퍼센트로 가장 높은 국가였다. 특히 신용카드의 이용 비중은 50.6퍼센트로 캐나다(46.1%), 호주(31%), 독일(3.9%), 네덜란드(3%) 등 비교 대상 나라들에 비해 월등히 높았다.

거의 전 국민이 주로 신용카드를 사용하고 있는 나라에서 수십 년 동안 독과점적 산업구조를 영위하며, 업계 전체적으로 보면 거의 매해 수조 원 이상의 이익을 내온 카드사들이 과연 이번 정부의 카드 수수료 인하 방안으로 줄도산이 나고 대규모 실업 사태에 직면하게 될까? 업계 1위인 신한카드의 경우 2008년부터 지난해까지 10년 동안 번 영업이익이 10조 원이 넘는데 말이다.

물론 카드사로서는 수익이 줄어드니 애가 탈 수 있다. 그렇다면 카드회사 사장들이 직접 나서야 하는데 노조원들을 밖으로 내보내 정부와 대리전을 시키고 있다. 그러면서 카드사들은 백화점, 대형마트 등으로부터 받을 수 있는 카드 수수료의 법정 하한선을 만들어 달라고 정부 여당 등에 요구한다. 자신들은 백화점 등 대형 가맹점들과의 협상에서 밀리니 정부가 이를 법으로 정해서 최소한 그만큼은 받을 수 있도록 카드사 수익을 보장해달라는 뜻이다.

이는 사회적 약자인 중·소 자영업자들의 카드 수수료를 낮추는 것과는 전혀 다른 문제다. 그야말로 시장에서 대기업들끼리 풀어야 하는 문제다. 한국 최대 금융회사의 계열사인 카드사들(신한, KB국민, 우리, 하나)과 재벌 대기업 카드사들(삼성, 현대, 롯데)이 그동안 카드 수수료에 대한 담합이나 유착 의혹을 받아 온 것은 사실이 아니던가?

이런 사실을 한국 언론, 특히 '조중동매한'은 모르고 있었던 것인가? 아니다. 이는 오래된 진실이다. 그래서 정부의 카드 수수료 인하 방안이 나올 때마다 한국언론은 비교적 우호적 반응을 보여왔다. 바로 지난 정부 때인 2015년 11월 정부가 카드 인하 방안을 발표할 때 〈조선일보〉의 제목을 보자.

"카드 수수료 연 6700억 줄여…영세, 중소 상인에 4800억 준다"

기사에 카드사들이 울상이라는 상투적인 내용이 나오기는 하지만 제목에서 알 수 있듯 수수료 인하 방안의 긍정적 효과에 초점을 맞췄다. 그러나 2018년 11월 26일 문재인 정부의 수수료 인하 방안이 나온 뒤 〈조선일보〉 기사의 헤드라인을 보면 아래처럼 부정적인 내용이 많았다.

"카드수수료 내려 자영업자 달래니…이번엔 카드노조가 들고 일어났다"

"번지수 잘못 찾은 카드수수료 개편안"

"기존 카드까지 혜택 줄인다니…"

카드사 노동자들의 반발을 앞세우면서 정부의 수수료 인하로 소비자들의 혜택도 당장 줄어들 것처럼 사실을 호도하고 있지만, 카드사들이 기존 소비자들의 혜택을 당장 줄이기는 쉽지 않다. 한 번 정해진 약관은 3년 동안 바꿀 수 없기 때문이다.

〈조선일보〉 기자들이 이런 사실을 모를 리가 없다. 2012년 12월 "신용카드 누적손실 1.5조 원…손실 1위는?"이라는 기사에서 〈조선일보〉는 이미 신용카드 시장의 외형 경쟁이 과열되면서 카드사들이 부가서비스 등 마케팅 비용에 돈을 쏟아붓고 있으며, 이 같은 비용 증가는 결국 소비자에게 전가되고, 또 신용카드 등급이 낮은 서민들에 대한 서비스 축소로 이어질 수 있음을 지적했다. 카드사 입장에서도 소비자에 대한 과도한 혜택을 점차 줄여나가는 게 살길이라는 점을 6년 전에 정확히 진단하고 있었다.

그런데 이번 정부의 카드 수수료 인하안에 대해서는 전혀 다른 보도 모습을 보인다. 〈조선일보〉뿐만이 아니다. 이른바 '조중동매한'이 비슷하게 다 부정적이다. 카드 수수료는 2007년부터 꾸준히 인하되어 왔는데 말이다.

그동안 바뀐 건 대통령뿐이다. 노무현, 이명박, 박근혜, 문재인. 공교롭게도 〈조선일보〉는 노무현, 문재인 정부 때만 유난히 '비판언론'이라 자칭하며 정부에 대한 적대감을 노골적으로 드러내고 있다.

## 9

## '세금폭탄'론의 함정…에버랜드와 재벌, 그리고 강남 아파트 재산세

2019년 연초부터 〈조선일보〉〈매일경제〉〈한국경제〉 같은 상업 신문사들을 중심으로 비슷한 기사들이 쏟아져 나왔다. 공시지가, 공시가격이 크게 올라서 '세금폭탄' 수준이라는 것이다. 〈조선일보〉 1월 4일 기사의 제목이다.

"공시지가 2배 인상, 정부가 지침 내렸다"

"민간평가사들 증언…국토부 징벌적 과세 논란"은 부제로 달았다. 그러면서 서울 명동 땅값 상위 3곳 공시지가 변동을 그래프로 그려놓고 전문가 인터뷰로 기사의 논거를 뒷받침했다. 기사에서 심교언 건국대학교 교수는 "고가 토지만 시세 반영률을 높이는 것은 조세 형평성에 어긋나고 재산권 침해 우려도 있다"라고 말하고 있다.

읽어보면 꽤 설득력이 있다. 읽는 나도 언론에서 말하는 '세금폭탄'을 맞을 것 같고, '징벌적 과세'로 고통받을 것 같다. 조세 형평성, 사회적 정의에도 어긋나는 것 같다. 좌파 정부가 행정권을 남용해서 민간의 영역까지 막 침투해 들어오는 듯해 불안하기도 하다. 그러나 하나씩 따져보면 이런 기사들은 전체 맥락을 빠트려 고의건 무지건, 진실을 가로막는 이상한 보도들이다.

무엇보다 명동 땅의 공시지가가 2018년까지 1제곱미터 당 9,000만 원 수준이었다가 2019년도에 1억 8,000만 원이 됐다는 사실에 한국의 99퍼센트 서민들은 오히려 분노해야 한다. 아파트 한 채라도 갖고 있는 사람들이라면 아파트 공시가격이 시세의 70퍼센트 안팎에서 결정난다는 사실을 잘 알고 있을 것이다. 〈조선일보〉에서 공시지가가 100퍼센트, 2배로 올랐다며 이는 '징벌적 과세'라고 예를 든 명동 땅은 실거래가가 10억 원이 넘는 곳이다. 〈조선일보〉 스스로 2017년 보도에서 그곳이 한국에서 가장 비싼 땅이고, 실거래가 3.3제곱미터 당 10억 2,900만 원에 거래되었다고 밝힌 바 있다. 2017년에 10억 원이 넘었으니 그동안의 지가 상승률을 반영하면 지금 시세는 이보다 훨씬 높을 것이다.

그럼에도 보수적으로 명동 땅값의 시세를 3.3제곱미터 당 10억 원이라고 계산해 보자. 2019년 100퍼센트 올린 공시지가가 1제곱미터 당 1억 8,000만 원이니 여기에 3.3을 곱하면 6억 원 정도 된다. 그렇게 올렸는데도 2017년 시세의 60퍼센트 수준이다. 아파트 같은 공동주택을 소유한 일반 서민들에 부과해 온 70퍼센트 수준의 공시가격에 비해 아직도 낮다. 일반 시민들 입장에서는 그동안 한국에서 가장 비싼 땅을 소유한 사람들이 시세의 30퍼센트도 되지 않는 공시지가를 바탕으로 세금을 내왔다는 사실에 오히려 격분해야 할 상황인 것이다. 조세 형평성이라는 원칙에 맞지 않았던 것은 부자들에게만 지나치게 관대해 온 과거 국토부의 잘못된 행정 탓이다.

사실 〈조선일보〉 같은 상업 신문사들이 진심으로 걱정해 주는 대상은 명동의 땅주인들이 아닐 것이다. 2014년 뉴스타파에서 일할 때 나는 삼성 이건희 회장의 개인 소유 땅을 찾아다닌 적이 있었다. 수 주 만에 그의 명의로 된 서울 강남, 용산구 요지의 주택, 빌딩, 경기도 용인, 경상북도 영덕, 전라남도 여수 등지의 땅을 확인할 수 있었다. 내가 찾은 땅과 주택, 빌딩들만 해도 1조 원에 달했으니 이 회장 개인 소유의 부동산은 최소 수 조원이 넘을 것으로 추정된다.

경제정의실천시민연합(경실련)과 정동영 의원실이 2018년에 발표한 자료에 따르면 2017년 기준 한국의 법인은 88만 개가 있는데 이 중 토지를 소유한 법인은 17만 5,000개로 전체의 20퍼센트에 불과하며, 이 중에서도 상위 1퍼센트의 법인들이 사들인 토지가 2007년부터 10년간 140퍼센트가 증가해서 여의도 면적의 2,100배 규모로 늘어났다고 한다. 결국, 지난해까지 수십 년 동안 불과 시세의 20퍼센트 수준에서 결정된 공시지가로 인해 가장 큰 세제상 혜택을 봐온 집단은 대기업, 재벌, 상위 1퍼센트의 땅부자들이었다는 말이 된다.

2018년 3월, SBS는 2015년 제일모직과 삼성물산의 합병을 앞두고 제일모직의 전신인 에버랜드의 공시지가가 이례적으로 껑충 뛰었다는 사실을 보도한 적이 있다. 예년에는 5퍼센트도 안 올리던 표준지의 공시지가를 2배씩 높여, 에버랜드의 자산가치를 높인 이유가 제일모직과 삼성물산의 합병을 대비하기 위한 것이 아니냐는 보도였다. SBS는 이 보도를 통해 땅이 많은 에버랜드의 자산가치를 높이면 제일모직이 가치가 높아지고 그럼 삼성물산과의 합병비율을 산정할 때 유리하니, 결국 제일모직 주식을 많이 가지고 있는 이재용 삼성 부회장의 그룹 승계 구도에 유리하게 모든 것이 진행된 것이 아니냐는 의혹을 제기했다.

그럼 이렇게 공시지가를 2배 이상 갑자기 높여버린 주체가 누구였는가? 보도에 따르면 일개 감정평가사였다. 국토부가 일반 주택은 한국감정원이, 토지는 민간 감정평가사들이 평가금

액을 매기도록 위탁해 왔기 때문이다. 이는 다시 말하면 언제든 감정평가사가 마음만 먹으면 재산세가 덜 나오도록 수십 년 동안 에버랜드 땅의 공시지가를 일정한 수준 아래 묶어놓았다가, 땅주인의 염화시중의 미소에 따라 1년만에 공시지가를 2배로 높여서 또다시 땅주인의 이익에 부합하도록 행동을 해도 아무런 법적 제재를 받지 않는다는 반증이 되는 것이다.

정리해보자. 여기서 감정평가사는 기존의 제도를 최대한 악용해서 누구에게 혜택을 줬을까? 에버랜드, 제일모직, 결국 삼성의 이재용 부회장에게 가장 큰 혜택을 줬다는 말이 된다. 수십 년 동안 재산세의 세제 혜택을, 결정적인 순간에는 자산 가치의 재산정을 통해 삼성그룹 승계에 도움이 되도록 말이다. 이는 귀에 걸면 귀걸이, 코에 걸면 코걸이의 식으로 감정평가가 이뤄져 왔다는 하나의 반증이 된다.

일반 주택들에 대한 공시가격 산정에서도 그동안 심각한 조세 형평성의 문제가 불거져 왔다. 지난 2017년 8월, 2006년 국토부의 실거래가 제도가 도입된 이후 12년 동안 6억 원 이상 오른 아파트들의 연도별 실거래가격 추이와 이들 아파트의 공시가격을 비교 분석한 적이 있다. 강남과 서초구 지역에서 거래가가 크게 오른 아파트들의 공시가격은 실거래가의 55퍼센트에서 63퍼센트 수준에 머물러 있었던 반면, 금천, 노원, 도봉구 등에서 지난 12년 동안 아파트 가격이 5,000만 원 미만

올랐던 아파트들에서는 공시가격이 실거래가의 66퍼센트에서 최고 79퍼센트나 반영되어 있다는 사실을 발견했다. 당시 국토부 당국자는 나에게 시세가 급등한 지역의 공시가격을 그대로 반영하면 조세 저항이 심하고, 지자체의 반발도 있었다고 변명했다. 아파트 가격이 급등한 지역일수록 세제상 혜택을 봐왔다는 사실을 인정하면서 말이다.

정리해보자. 부동산 공시법에 공시가격은 '통상적인 시장에서 정상적인 거래가 이루어지는 경우 성립될 가능성이 가장 높다고 인정되는 적정가격'이라고 나와 있다. 또 표준지의 공시지가는 국토부 장관이 결정 및 공시하는 것이고, 개별공시지가는 시장, 군수, 구청장 등 지자체장이 결정 및 공시한다고 되어 있다. 그런데 정부가 업무의 효율 등을 이유로 한국감정원과 민간 감정평가사들에게 공시가격이나 공시지가를 조사하라고 위탁해 놨더니 그동안 해온 일은 자의적 평가, 부자나 재벌 대기업 봐주기 감정평가로 일관한 것 아니냐는 의심을 받았다.

그럼 정부가 그걸 그대로 두어야 할까? 구두로 지침을 내려서라도 이를 바로잡을 권한이 정부에 없다는 말인가. 그런데 〈조선일보〉를 비롯한 기타 상업신문사들은 공시지가나 공시가격이 인상되는 것이 조세 형평성에도 어긋나고, 정부가 민간의 자율성을 해치는 것처럼 보도하고 있다.

왜 이러는 것일까?

1. 한국의 집 없는 서민들마저 정부가 부자, 대기업, 불로소득 지주들에게 세금을 더 많이 걷는다면 마치 자신도 엄청나게 많은 세금을 내야 할 것 같은 착각에 빠지게 하기 위해서
2. 그래서 국민적 조세 저항이 일어나 세금이 계획보다 더 많이 안 오르면 대기업, 재벌들에게 유리하고
3. 결과적으로 자신들은 광고주인 대기업, 재벌들의 '심기 경호'까지 하게 되는 것이고
4. 정부를 공격해서 민심과 분리시켜 놓을 수록 보수당으로의 정권 교체에도 유리하니…….

나는 '조중동매한'의 세금 폭탄론, 징벌적 과세론은 계속될 것으로 판단하고 있다. 땅 한 평, 집 한 채 없는 일반 서민들도 아직 이런 말에 혹하는 분들이 있기 때문이다. 그러니 상업 신문사들로서는 절대 밑지는 장사가 아니라는 말이다. 이야말로 꿩 먹고 알 먹기가 아닌가?

## 10

## '부동산 전문가'인가, '부동산 투자전문가'인가

얼마 전 화제가 된 MBC PD수첩 〈미친 집값의 비밀〉 편에는 부동산 투자의 재야고수들이 등장한다. 이 프로그램에 등장한 스타 강사들은 대중 강연을 통해 투기를 부추기며 특정 지역 집값을 올리는 주범 중 하나로 보도되었다. 그러나 PD수첩에 등장한 '빠숑' 김학렬 씨는 엄밀한 의미에서 재야의 고수는 아니다. 그는 이미 경제신문이나 TV 경제 채널에 가끔 등장했던 '제도권 부동산 전문가'였다.

대체 '부동산 전문가'란 무엇인가? 최근 수년 동안 지상파 TV든, 종편이든, 종합일간지나 경제신문이든 한국 언론에 부동산 전문가로 등장한 대표적 인물들은 박원갑, 안명숙, 권대중, 심교언, 고종완, 김규정 등이다.

이들이 KBS, MBC, SBS 등 지상파 3사의 메인 뉴스 등에 등장해 말하는 내용은 무미건조하다. 중립적이고 객관적으로 들린다. 그러나 전문가가 자신의 철학과 가치관이 없을 리는 없다. 교수인 권대중과 심교언도 대중강연, 종편, 〈조선일보〉가 운영하는 땅집고TV 등에서는 비교적 명확하게 본인의 입장을 드러낸다. 이들은 정부의 보유세 인상에 부정적이며, 분양가 원가공개를 반대하고, 재건축 규제나 대출 규제에 불편한 심기를 드러낸다. 서울의 주택 공급을 확대하고 부동산 경기를 활성화하는 것이 무주택 서민들 주거 안정이나 주택가격 안정에 도움이 될 것이라는 게 이들의 주장이다.

2017년까지 최근 10년 동안 상위 1퍼센트(14만 명) 다주택자의 평균 보유 주택 수가 3.2채에서 6.7채로 늘어났다. 이들이 갖고 있는 주택 수만 94만 채로 판교신도시 가구 수의 30배에 이를 만큼 투기세력이 횡행해 왔기 때문에 공급을 아무리 늘려도 투기세력을 잡지 못하면 부동산 가격의 앙등을 막을 수 없다는 경실련 등의 주장과는 대치된다. 두 교수는 모두 기자에게 본인들을 '자유시장경제주의자'로 불러달라고 요청했다.

그러나 이들이 대중강연에서 하는 말에는 정부 정책에 대한 학문적 내용만 담겨 있지는 않다. 권대중 교수는 한 대중강연에서 "토지시장은 아직 규제가 없다. 개발이 있는 곳에 이익이 있다는 얘기가 있듯이, 상위 5퍼센트가 전체 국토의 60퍼센트를 갖고 있듯이 토지시장은 꾸준히 오른다"라고 말한다. 그는 "이미 토지시장은 뜨기 시작"했고 "토지 투자는 세대 구분 없이 돈을 벌었다"고 강조했다. 심교언 교수도 〈조선일보〉가 주최한 부동산 콘서트에서 서울 용산 지역을 미국 뉴욕 맨해튼의 센트럴파크와 비교하면서 "미국 센트럴파크 최근 분양한 게 평당 5억 원이었는데 용산은 5억까지는 안 가더라도 앞으로 좀 오르지 않겠느냐"라고 말했다.

정부의 정책을 진단하고 평가하는 '부동산 전문가'로 TV에 등장하는 교수들이 대중강연에서는 이미 토지 시장은 뜨기 시작했다고 말한다거나 용산이 5억까지는 안 가더라도 좀 오르지 않겠느냐고 말하는 것이 과연 온당한 일일까? 하물며 부동산학과의 교수들도 이런 말을 하는데 금융권 '부동산 전문가'들은 무엇이 얼마나 다를까?

사실 지상파 TV에 등장하는 금융권 '부동산 전문가'들의 주업은 부동산 투자 고객 상담이다. 내가 받은 박원갑 씨의 명함에는 WM이라고 단어가 명기되어 있었다. WM이란 '부를 관리하는 것'(Wealth Management)을 의미한다. WM스타 자문단으로부터 상담을 받을 수 있는 고객은 보통 금융자산만 10억 원 이상을 예치한 부자들이다. 부자 고객들의 부동산 투자를 상담하는 일이 이들의 주업이라는 뜻이다. 우리은행의 안명숙, NH투자증권의 김규정 씨도 비슷한 일을 하고 있다. 이들은 시장을 분석하기도 하지만, 부자 고객의 부동산 투자를 상담하기도 한다. 대중강연에서 다주택자의 절세 전략과 부동산 투자 전략을 강의하고, TV에 나와서는 정부의 정책을 평가하기도 한다.

부동산중개업소들의 매물을 게시해주는 대가로 수수료를 받거나, 부동산 투자정보를 고객들에게 팔아 수익을 보전하는 부동산 정보업체 소속 '부동산 전문가'들 역시 금융기관에 소속된 '부동산 전문가'들과 입장이 크게 다르지 않다. 사실 박원갑, 안명숙, 김규정 씨 모두 부동산 정보업체에서 주요 경력을 쌓고 금융권으로 진출한 인물들이다.

그러나 정부의 부동산 대책이 나올 때마다 이들을 부른 이들은 언론사 기자나 PD들이지 이들이 언론사에 자신들의 출연을 강요한 적은 없다. 이들 '부동산 전문가'들과 언론사는 상호 호혜적 공생관계에 있다. 지상파 TV의 메인 뉴스는 이들에게 10초 정도의 짧은 '하나마나한' 인터뷰를 요구하고, 대형 상업 신문사들이나 종편 등은 부동산 투자자들의 욕망을 적당히 충족시켜줄 만한 말을 원한다. 〈조선일보〉의 땅집고TV는 고종완 씨를 출연시켜 부동산 투자 유망처를 소개하기도 하고, 심지어 고종완 씨가 운영하는 한국자산관리연구원의 사이트를 슬쩍 소개하기까지 했다. 고종완 씨는 이 인터넷 방송에서 "이게 100만 원 내야 가르쳐 주는 건데……"라며 사실상의 호객행위도 서슴지 않았다. 부동산 투기를 부추기는 언론사와 부동산 투자전문가가 만나 일종의 장사를 하고 있는 셈이다.

부동산 전문가들은 인터뷰를 많이 하고 언론에 노출되면 될수록 본인에게도, 본인이 몸담은 회사에도 이익이 된다는 것을 잘 알고 있다. 언론사, 특히 지상파 TV 출연은 부동산 전문가의 공신력을 높인다. 서로가 서로의 이익을 적당히 눈 감아 주고 있다는 말이다. 20년 가까이 각종 TV나 신문 등에 출연해온 한 부동산 전문가는 익명을 조건으로 나에게 한국 언론의 한심한 행태를 꼬집어 비판했다.

그는 "부동산 기자들은 개인적 이유든 아니면 회사에서 추구하는 이익 때문이든, 저를 예단하고 자신의 리포트에 제 발언을 맞추는 것 같다"면서 한 종편의 부동산 기자가 자신에게 "재건축 규제지역의 용적률을 높여야 하는 것 아니냐는 식으로 답변을 유도해 결국 인터뷰를 하지 않겠다고 한 적도 있었다"고 말했다. 그는 지상파 TV 기자들의 경우 방송에 들어갈 말을 미리 염두에 두고 인터뷰를 하기 때문에 5분만에 인터뷰가 끝난 적도 다반사라며 자신을 전문가로서 대접한다기보다는 "보도에 들어가는 액세서리로 늘 이용당하고 있다고 느낀다"고 말했다. 그는 부동산 전문가로서 "정부의 각종 정책에 대한 명확한 입장을 하나씩 다 물어본 기자는 당신이 처음이다"라는 말도 했다. 그는 20년 가까이 기자들을 상대해 온 TV 속 '부동산 전문가'인데 말이다.

그러나 그는 익명을 전제로 나에게 이런 말을 했다. 당장 내일이라도 지상파 TV에서 출연을 요구한다면 당연히 출연해서 중립적, 객관적으로 시장을 분석하는 것 같은 모습을 보여야 한다. 반대로 종편이나 대중 강연 출연 요청이 있다면 또 거기에서는 적당히 투자자들의 욕망을 충족시키는 말을 해준다. 이는 본인에게도, 본인이 몸담은 회사에도 이익이 되기 때문이다.

미국의 뉴스 전문 채널 CNN은 TV에 나오는 정치평론가들을 소개할 때 자막에 출연자가 공화당이나 민주당 정부 누구 밑에서 일했는지 등 과거 경력을 적시한다. TV에 등장하는 전문가의 정치적 입장을 시청자들이 감안해서 듣고 판단하라는 뜻이다. 미국 〈뉴욕타임스〉의 데이비드 바스토 기자는 TV에 등장하는 미국의 군사평론가 상당수가 이라크전에서 막대한 이득을 챙긴 군수산업체 관계자들이면서도 TV에서는 객관적 전문가로 등장해 이라크전을 옹호해 왔음을 폭로해 2009년 퓰리처상을 받기도 했다. 전문가들의 '객관적 논리' 속에 사실은 그들의 '사적 이익'이 교묘히 숨겨져 있음을 밝혀낸 덕택이다.

그러나 한국의 지상파 TV 3사는 웬일인지 금융권의 부동산 전문가들을 뉴스에 출연시키면서 00은행, 00증권 부동산 전문위원이라고만 할 뿐, 00은행 WM스타자문단 또는 자산관리센터 위원이라고 소개하지 않는다. 이들의 주업이 부자 고객들을 상대로 부동산 투자 상담을 하는 걸 시청자들이 몰라야 할 이유가 있을까? 혹 지상파 TV 3사는 부동산 보도를 통해 시청자가 시장 상황을 객관적으로 판단하는 데 도움을 주기보다는, 자신들이 중립적으로 비춰지는 데 더 관심이 있는 것이 아닌가? 그렇다면 그것은 위선인데 말이다.

# 11

## 아파트 분양 기사가 당신을 속이는 5가지 방법

불과 몇 개월 전 〈조선일보〉 기사는 한 아파트를 분양만 받으면 4억 원을 벌 수 있을 것처럼 써 냈다. 〈조선일보〉는 기사에서 해당 단지의 "전용 84㎡가 15억 원 중후반대가 될 것"이라고 전망하면서 올 초 입주한 "인근 서초동 래미안서초에스티지 전용 83㎡의 현 시세가 19억 원대"이니 "3~4억 원가량 저렴하게 공급되는 셈"이라고 보도했다.

그러나 2018년 10월 모집공고문에 나온 확정 분양가는 5층 이상의 전용 84제곱미터 17억 3,000만 원으로, 15억 원 중후반대가 될 거라는 〈조선일보〉의 전망치보다 2억 원쯤 높았다. 그렇다면 당연히 시세 차익이 최대 4억 원이 될 것이라는 기존 분석도 수정해야 했지만 〈조선일보〉는 그러지 않았다.

〈조선일보〉는 11월 초 관련 기사를 쓰면서 제목에 아예 "당첨만 되면 최대 4억"이라고 길거리에서 호객행위를 하듯 보도했다. 일주일 후인 11월 8일 후속 보도를 하면서도 "서초 에스티지S 등 인근 신축 아파트 같은 평형보다 3~4억 원가량 저렴한 점도 청약 수요가 몰린 원인으로 분석"했다.

이렇게 해당 분양 아파트는 이른바 '4억 로또 아파트'가 되었다. 그런데 청약경쟁률이 수십 대 1이라던 이 4억 로또 아파트는 청약 당첨자들 일부가 분양을 포기해서 예비 당첨자들에게 그 몫이 돌아갔다. 예비 당첨자들도 분양을 받지 않아 결국 26가구의 잔여 가구가 남게 됐다. 전체 분양 가구수가 232가구였으니 10퍼센트 넘게 미분양된 것이다. 〈조선일보〉를 비롯한 한국의 상업 신문사들은 청약경쟁률이 수십 대 일이었음에도 불구하고 미분양이 된 건 정부의 강력한 대출 규제와 복잡한 청약제도 탓이라고 비판하다가, 잔여 26가구 추첨에 2만 3,000명이 몰리자 역시 '로또 아파트'의 신화가 계속될 것처럼 보도하고 있다. 그런데 하나하나 따져보면 이 '4억 로또 아파트'라는 언론의 계산법 자체가 엉터리라는 것을 알 수 있다.

1. 아파트는 층, 향, 입지가 중요하다. 예를 들어 지하철 인근 아파트 단지라 해도 지하철과 거리가 얼마나 떨어져 있는지에 따라 가격은 천차만별이다. 그런데 '4억 로또 아파트'의 관련 기사들을 보면 이런 차이를 지적한 기사는 찾아보기 힘

들다. 그러면서 지하철역에서 상대적으로 가장 가까운 단지 아파트와 분양 아파트를 단순 비교한다.

2. 그뿐만 아니다. 언론은 매도 호가와 실거래가도 잘 구별하지 않는다. 매도 호가는 인근 아파트 소유자들이 부르는 호가일 뿐이니 실거래가보다 높을 수밖에 없다. 또, 실거래가를 기준으로 한다고 하더라도 최근 가장 비싸게 거래된 가격과 분양가를 비교하니 가격차가 크게 차이나 보인다. 지하철에 가장 가깝고, 층이나 향도 좋아 최근에 가장 비싸게 거래된 인근 아파트와 분양가를 단순 비교하면 몇억 원씩 차이가 나기도 하지만, 그걸 일반화시키는 것은 곤란하다.

3. 분양가와 인근 시세를 비교할 때, 분양가에 아파트 옵션가를 더해 비교한 경우는 거의 없었다. 요즘 아파트 입주자들은 대부분 옵션을 포함해서 아파트를 분양받고, 옵션이 포함되면 분양가가 몇천만 원씩 올라가는 것은 일반적이다.

4. 대출이자나 기회비용에 대한 분석도 거의 없다. 해당 아파트 단지는 분양가격이 모두 9억 원이 넘어가니 중도금 대출이 되지 않아 대출이자는 없다. 그러나 매수자 입장에서는 10억 원 안팎의 돈을 수년 동안 묻어두고, 자신은 다른 곳에 거주해야 하니 이 기회비용이 만만치 않다. 아무리 보수적으

로 계산해도 수천만 원이 된다.

5. 언론의 계산법은 기본적으로 아파트 가격이 미래에도 현재가 이상이 될 것이라는 낙관적 전망을 전제로 한다. 향후 부동산 가격이 떨어질 수 있다는 가정은 전혀 계산에 넣지 않는다.

이런 점들을 염두에 두고 다시 한번 해당 분양 아파트와 인근 아파트의 시세를 비교해보자. 5층 이상의 해당 아파트 84제곱미터를 분양받기 위해 필요한 돈은 분양가 17억 3,000만 원, 여기에 옵션가격은 3,000만 원이라고 치고, 10억 원 안팎의 돈이 수년 동안 묶여 있고 자신은 다른 곳에 거주해야 하지만 이 거주비용이나 기회비용도 최소로 잡아 4,000만 원이라고 계산한다.

17억 3,000만 원 + 3,000만 원 + 4,000만 원 = 18억 원이다.

그런데 인근 신축 아파트인 서초에스티지S 12층의 6월 실거래가는 16억 750만 원이었고, 11층은 7월에 17억 9700만 원에 거래되었다. 인근 또 다른 아파트 단지인 서초에스티지의 경우 가장 최근인 9월에 거래된 2층이 18억 1,000만 원, 8월에 거래된 25층이 18억 9,100만 원이었다. 동일 면적으론

9월 21억 원, 최고가로 거래됐던 한 건을 제외하면 6개월 동안의 실거래가는 아무리 높게 봐도 18~19억 원 수준이었다는 말이다. 분양 아파트 가격과 비교하면 최대 1억 원 차이다.

결국 〈조선일보〉가 보도한 것처럼 이 분양 아파트를 최대 4억 원의 차익을 볼 '로또 아파트'라고 단정하기는 불가능하다. 만약 분양을 받고 입주를 기다리는 수년 동안 아파트 가격이 떨어지기라도 한다면 차라리 현금을 갖고 있다가 기회를 노리는 게 매수자 입장에서는 더 나을 수 있다. 지하철과의 거리 등 입지, 인근 아파트와의 가격 비교를 엄밀하게 하다 보면 이 아파트의 분양가격은 애당초 큰 이익이 없었던 것이다.

그러나 〈조선일보〉 등 한국의 상업 신문사들은 분양가격은 최대한 낮춰 보이도록 하고, 인근 아파트 시세는 최대한 부풀려 보이게 하는 기사 쓰기 행태를 반복해 왔다. 일반 독자나 소비자보다는 광고주인 건설사의 광고를 대행해 주는 듯한 양상이다. 그래서 기사 내용만 보면 사실상 광고다. 그것도 과장 광고다.

이런 언론사들을 '상업 신문사'라고 정의하는 이유다.

# 12

## 〈조선일보〉를 칭찬합니다

〈조선일보〉를 '칭찬'합니다. 문재인 정부 출범 이후 극단적 정파성을 노정시키며, 최저임금 때문에 한국 경제가 망할 것처럼 기사를 써온 〈조선일보〉에서 그나마 상식적인 기사가 나왔기 때문이다. 2019년 1월 4일 〈조선비즈〉 인터넷 기사다. 기사 제목이 이렇다.

"CJ·신세계, 빕스·올반 고객 줄어 문 닫으며 '최저임금' 탓"

기사 제목부터 남다르다. 고객이 줄어서 문 닫는 이유를 왜 최저임금 탓만 하느냐고 CJ와 신세계를 꾸짖고 있다. 기사 내용도 제목과 일치한다. 업계는 최저임금 인상을 감당하지 못해 매장을 줄이기로 했다고 말하고 있지만, 정말 그럴까라고 의문을 제기하면서 기사 본론을 시작한다. 이어서 최저임금 인상으로 인건비가 늘어 매장 운영이 어려워진 것은 사실이지만, 여기에는 다양한 요인이 있다.

    1. 한식 뷔페와 패밀리 레스토랑은 이미 몇 년 전부터 손님이 줄어 내리막길을 걷기 시작했다
    2. 메뉴에 변화를 주지 못해 위기를 자초했다
    3. 식생활 외식 트렌드가 변했다
    4. 가정 간편식과 배달음식 성장도 발목을 잡았다
    5. 1인 가정 증가로 혼밥족이 늘어서 가족 단위 패밀리 레스토랑은 예전부터 위기였다

또한 소비자 트렌드가 가성비(가격 대비 성능)에서 가심비(가격 대비 마음의 만족)로 이미 옮겨가고 있는데, 이런 추세에 대기업들이 적응하지 못했다는 점도 매장 일부 폐쇄의 원인으로 지적했다. 외식업 불황에도 1인당 7~8만 원 웃도는 고급 뷔페는 주말마다 만석이고, 음식이 맛있기로 입소문이 난 골목길 허름한 맛집에 손님이 몰리는 이유도 이 때문(가심비의 트렌드)이라고 설명하고 있다.

한식 뷔페와 패밀리 레스토랑의 부진은 경영 실패와 포화된 시장이 빚어낸 결과라고 분석했고, 그러면서 "이러고도 업

계는 최저임금 인상 탓만 할 수 있을까요"라고 기사에서 되묻고 있다. 거기에 소비자들은 대기업 브랜드를 믿고 더 비싼 음식값을 지불하는데 소비자가 만족할 만큼의 양질의 서비스를 제공하려면 직원에 대한 처우도 달라져야 한다는 말도 덧붙였다. 이는 사실상 임금을 올려서라도 양질의 서비스를 제공하는 것이 기업의 생존 전략을 위해서도 바람직하다는 의미로 읽힌다.

놀랍지 않은가? 내가 그동안 '한국 언론 오도독'을 통해 제기해 온 문제도 이런 상식적인 기사가 왜 잘 나오지 않느냐는 것이었다. 기업이나 국가 경제의 흥망성쇠에는 복합적이고, 구조적이며, 환경적인 요인들이 작용한다. 그게 자본주의 시장의 본질이다. 특히 〈조선비즈〉 기자가 말한 것처럼 외식업은 트렌드가 끊임없이 바뀌기 때문에 소비자들의 요구를 따라가지 못하면 대기업이라도 생존·번영하기가 힘들다.

그런데 문재인 정부 출범 이후 〈조선일보〉 등 정파적 상업지들은 이런 요인들은 다 무시해버리고 자사가 반대하는 정부의 정책 하나 때문에, 예를 들어 최저임금이나 주 52시간 근무제 때문에 모든 경제적 부작용이 발생하고 있는 것처럼 묘사해 왔다.

그런 점에 비춰 보자면, 〈조선비즈〉의 이 인터넷 기사는 〈조선일보〉도 '정상 언론'으로 돌아올 수 있다는 실낱같은 희망이 보인다는 점에서 칭찬할 만하다. 북한도 정상 국가로 변하기 위해서 저 노력을 하고 있는데 〈조선일보〉도 조금만 더 노력을 기울이면 상식적인 기사를 계속 쓸 수 있지 않을까 생각된다.

그런데 안타깝게도 〈조선일보〉의 한계는 아직은 여기까지인 것 같다. 해당 기사는 인터넷으로만 출고되고, 지면에는 실리지 않았다. 게다가 정작 지면에 실린 기사는 "계절밥상 11곳 폐점…새해 첫날 알바 200명 일자리 잃어"이다. 제목에서도 알 수 있듯이 대기업마저도 최저임금으로 타격을 입고 있다는 식의 내용이었다. 정부가 최저임금을 인상해서 기업이 망하고 있는 것처럼 묘사한 기사는 같은 날 TV조선에도 등장했다.

"대기업 외식업체마저…'최저임금 직격탄'에 도미노 폐점"

"탄탄하던 대기업 외식업계도 최저임금 인상이라는 직격탄을 피하지 못했습니다"라는 이 기사의 클로징 멘트에서 알 수 있듯 TV조선의 기사는 〈조선일보〉 같은 날 지면 기사보다도 더 단순하고 무지하게 쓰여졌다.

이렇게 따져놓고 보니, 이틀 후 내가 언급한 〈조선비즈〉의 인터넷 기사 "CJ·신세계, 빕스·올반 고객 줄어 문 닫으며 '최저임금 탓'"이라는 이 기사가 조선미디어그룹이라는 한 바구니에 들어가 있다는 것이 신기할 정도다. 특히 이 기사 속에서 수많은 구조적 요인들을 언급하며 CJ 등 외식업계가 자체적인 경쟁력을 확보하지 못하고 소비자들의 선택을 받지 못해 일부 매장의 문을 닫는 것을 어떻게 최저임금 탓만 할 수 있느냐고 되묻는 기사 속 질문은 곧바로 〈조선일보〉와 TV조선의 편집국 간부들에게 향하는 말처럼 들리기도 한다.

그래서 저 기사만 가지고는 "조선일보가 달라졌어요"라고 말할 수 없다. 다만 인터넷 기사에라도 상식적인 기사가 나왔다는 점은 높이 평가받아야 한다고 생각한다. 〈조선일보〉가 조금만 더 용기를 내서 오프라인 지면이나 방송을 통해서도 저널리즘의 상식적이고 보편적인 기준 내에 들어올 만한 기사들을 양산해 주길 기원하는 바이다.

7장

# 이길 수밖에 없는 '구조'를 만들자

2010년 《9시의 거짓말》이라는 책을 마무리 짓고 있을 때도 KBS와 MBC의 언론인들은 파업을 했다. 2017년 11월, 그들은 또 한 번 전쟁을 치렀다. 공범자들에게서 벗어나기 위한 몸부림이다. KBS와 MBC를 정상화시키기 위한 싸움이다. 10년 동안의 싸움을 끝맺기 위한 싸움이다. 그러나 이 싸움이 끝난다고 해서 공영방송은 바로 정상화가 될 수 있을까? 정권이 바뀌었다고 해서 우리의 삶이 크게 달라졌는가? 10년 동안의 싸움이 승리로 장식된다고 하더라도 이는 작은 언덕 하나 넘은 것일 뿐이다.

독일 국회의사당에는 역대 의원들의 명단이 적혀 있는 어두운 방이 하나 있다. 대부분의 의원들의 이름은 흰색 바탕에

검은색 글씨로 적혀 있지만 일부 의원들의 이름이 적힌 배경색은 검정으로, 사람들의 눈에 잘 띈다. 나치 등 국가주의자들에게 희생된 국회의원들의 명단이다.

의사당 건물 안 한 벽에는 제2차 세계대전 당시 총탄 자국과 러시아 병사들이 독일을 점령하며 남긴 낙서가 선명했다. 또 의사당 한쪽에는 유대인을 가둬 학살했던 터널도 보존돼 있었다.

미국 시카고 과학산업박물관은 1930년대 미국 광부들이 어떤 환경에서 일했는지를 살펴볼 수 있도록 지하에 탄광시설을 본 떠 만들어 놓고 방문객들에게 당시 광부들의 노동환경과 에너지산업의 발전 과정을 담담히 들려준다.

"당시는 시간당 돈을 받지 않고, 석탄을 캐는 양에 따라 톤당 임금을 받았는데 광부들이 캔 석탄 1톤당 17센트 정도였고, 새벽부터 나와 하루 종일 석탄을 캐서 받아가는 돈은 하루 2달러 30센트였지만 광부들은 돈을 벌기 위해 열심히 일했고 그 결과 폐가 까맣게 굳어져가는 진폐증으로 사망하는 광부 출신의 미국인들이 아직도 보고되고 있다."

공영방송의 정상화란 사실을 사실대로 말하는 것이다. 참혹한 진실을 드러내어 현재가 과거로부터 끊임없이 배우고 깨닫게 하는 것이다. 독재정권부터 학습되어온 오래된 가치관에

물음을 달고, 시민들이 인식의 폭을 넓히고 더 자유롭고 더 창의적으로 생각할 수 있도록 놓아주는 것이다. "언론의 자유가 모든 자유를 자유롭게 한다"는 말은 한 사회의 자유가 확장되기 위해서는 언론인 너희가 먼저 스스로 가진 오래된 낡은 가치관을, 편견을, 인식의 틀을 깨야 한다는 말이다.

내가 상상하는 공영방송의 정상화란 구체적으로 두 가지의 상징적인 일이 현실로 구현되는 것이다. 하나는 KBS의 본관 건물 입구 가장 잘 보이는 곳에 KBS의 가장 치욕스러웠던 보도와 영광스러웠던 보도들을 함께 전시해서 시청자들이 이를 관람할 수 있는 '방송박물관'이 세워지는 것이다.

또 하나는 MBC 상암동 본사 시청자 서비스홀에서 영화 〈공범자들〉이 정기적으로 상영되고 그곳에 할아버지가 된 MBC의 최승호 PD나 이용마 기자가 시청자들과 오래 전 한국의 현대 언론사에 대해 이야기하는 것이다. 그 정도의 변화가 일어난다면 한국 사회는 최소한 이렇게 바뀌어 있을 것이다.

○ 사람들의 욕망을 부추겨 장기적으로는 세대간 단절을 불러일으키고 결국 공동체를 파괴하는 부동산 투기행위, 불로소득을 부채질하는 언론은 극소수로 전락해 있을 것이다.

○ 특정 정치인이 상대 정치인을 별 근거 없이 '좌파'나 '빨갱이'로 낙인찍으면 언론은 집요하게 그렇게 주장하는 근거를 대라고 질문하고 또 질문해서 정치인의 거짓 주장과 위선을

밝혀냄으로, 다수의 시민들은 더이상 실체 없는 미움과 공포에 사로잡히지 않을 것이다.

○ 북한 김정은의 도발을 이용하고, 남북간의 긴장관계를 극대화시켜, 전쟁의 공포를 조성하는 언론에 대해서는 사회적 지탄이 쏟아질 것이다.

○ 사람이나 집단을 극단적으로 양편으로 나눠 자신이 편들고자 하는 쪽이 합리적으로 비춰지도록 잔꾀를 부리는 보도는 금방 들통 나게 될 것이다.

○ 서민경제를 구실로 정치적 선전선동에 몰두하는 언론사는 서민들의 거센 비판에 직면할 것이다.

○ 언론이 과거의 낡은 가치관, 편견에 기대어 역사적으로 왜곡된 시민들의 정치적 신념을 은밀히 강화시키려는 행위는 사회적으로 철저히 소외되어 갈 것이다.

○ 돈의 자유만큼, 말의 자유도 빛을 발하게 될 것이다.

아직은 먼 이야기이다. 불행히도 10년 전이나 지금이나 한국 언론이 변하지 않았다. 결국 한국인이 크게 변하지 않았다는 것을 의미한다. 언론이 변하지 않고도 충분히 과거의 방식, 지금의 행태대로, 90퍼센트 정도의 '기레기'짓과 10퍼센트 정도의 언론 활동으로 한국 사회에서 생존하고 심지어는 번영해가는 구조가 온존하고 있다는 뜻이다.

반대로 한국 언론이 변했다는 건 결국 한국인이 변하였다는 것을 의미한다. 당신이 매일 보는 인터넷, TV, 신문이나 잡지의 기사가 변해가고 있는 지 둘러보라. 변했는가? 변화는 작은 점처럼 찾아와서 처음에는 잘 눈에 띄지 않지만 그 작은 점들은 마치 시냇물의 징검다리처럼 결국 하나씩 둘씩 점선이 되어 우리가 나아갈 지도와 좌표가 되어주리라.

그 변화의 미래를 앞당기기 위해서라도 우리는 꾸준히 당당해야 한다. 정의와 민주와 평화를 요구하는 편에 서서 더 노골적이어야 한다. 그래도 계속 한참 동안은 소수일 것이다. 한국인들은 2016년 촛불혁명으로 민주주의 역사를 새로 썼지만 2007년 이명박을 대통령으로 뽑았고, 연이어 박근혜를 대통령으로 선출했다. 진실은 늘 희망과 절망 사이, 그 어디쯤에 있다.

에필로그

## 당신의 요구가 공범자들을 조마조마하게 한다

1. 여전히 사회 각계에서 왕성한 활동을 벌이고 있을 이 땅의 공범자들에게 이 책을 바친다.

2. 각 정부 부처 당 200개에 달한다는 언론사 출입처 기자들, 김영란법에도 불구하고 공무원이 여전히 국민 세금으로 술 사주고 밥 사주고 택시까지 잡아주는 것이 너무나 당연한, 접대 받기 대마왕 언론사 기자님들도 이 책을 꼭 읽었으면 좋겠다.

3. 그나마 공범자들이 되기를 거부하며 지난 10년 지난한 싸움을 벌여온 KBS 새노조와 MBC 언론인들이여. 이 책이 나올 때쯤이면 그대들은 아마 승리해 있으리라.

4. 그러나 잊지 말자. 세월호 참사 유가족인 유경근 씨가 KBS와 MBC 언론인들의 파업 집회에서 일갈한 것처럼 "망가진 언론의 피해자는 여러분(공영방송 언론인들)이 아니라 바로

국민들, 예은이 아빠인 나"였다.

5. 돌아가거든 건설해야 한다. 쉽게 흔들리지 않을 진지를 구축해야 한다. 그들 공범자들을 늘 이길 수 있는 구조를 만들어야 한다. 그것은 무엇일까?

6. 나는 눈치를 보는 것이라고 생각한다. 권력자, 대기업, 권위적 선배나 상사의 눈치가 아니라 시청자, 시민들의 눈치를 봐야 한다. 보도록 만들어야 한다.

7. 이를 제도화해야 한다. 국민의 재산인 공영방송의 사장 선임 과정에서부터 제반 운영에 이르기까지 시청자들이 영향력을 행사하고, 그들의 눈치를 볼 수 있는 장치들을 만들어 넣어야 한다.

8. 공영성지수를 만들고 거기에 연령대별 시청률, 강화된 시청자 위원회의 의견, 사회적 반향 등을 데이터화해서 끊임없이 시청자들의 의견이 보도와 프로그램에 반영될 수 있도록 제도화시키는 것이 중요하다.

9. KBS 1, 2 TV를 개별 법인화시키고 누가 더 공익적 보도와 프로그램을 많이 만들었느냐에 따라 시청료를 차등 지급하는 방법도 상상해 보자.

10. 이런 민주적 평가와 제어 시스템이 공영방송에서 작동한다면 이를 법원, 검찰, 관료들에게도 적용할 방안을 찾아봐야 한다. 판사나 검사도 투표로 뽑는 선진국의 선택에는 이유가 있다. 민주주의를 통한 삼권의 통제와 제어, 모든 분야에 시

민들의 뜻이 담겨 있는 정책의 입안이 가능토록 해야 이 지독한 부조리는 차츰 그 세력을 잃어갈 것이다.

그때까지 시민들은 멈추지 말고 요구하라. 당신들의 요구가 공범자들을 조마조마하게 한다.

뉴스는 어떻게 조작되는가?
그들은 속이려 들지만 우리는 알고 있는 꼼수

초판 1쇄 발행  2017년 11월 27일
개정증보판 1쇄 발행  2019년 4월 5일
개정증보판 4쇄 발행  2023년 11월 29일

지은이       최경영
책임편집     장동석 박하영
디자인       주수현 이미지

펴낸곳       (주)바다출판사
주소         서울시 종로구 자하문로 287
전화         322-3885(편집), 322-3575(마케팅)
팩스         322-3858
E-mail      badabooks@daum.net
홈페이지     www.badabooks.co.kr

ISBN        979-11-89932-09-1   03300